父さんが子供たちに
7時間で教える

株とお金儲《もう》けの教養。

山崎将志 Masashi Yamazaki

日本経済新聞出版

【講義の前に】 僕らが株を学ぶ理由

父　これから毎週日曜日の夜に1時間、7回にわたって中高生のための株式投資講座をやっていきます。よろしくお願いします。

竹二、梅三　はい、よろしくお願いしまーす。

父　今日はイントロダクションということで、短くいきます。まず二人に伝えたいことは、一見、株式投資はすごく簡単にできるってこと。誰でもできる。いますぐオンラインの証券会社に口座申し込み手続きをすれば、一週間後にはもう始められる。未成年であっても親の承諾があれば口座を開くことができる。

竹二　小学生でも？

父　小学生どころか、0歳児でも口座は開ける。まあこの場合は親が全部管理するんだけどね。だから、君たちは何の問題もなく口座を作れる。口座を作ったら銀行口座から証券口座にお金を移して、株を買ったり売ったりする。一言で言えばそれだけだ。ゲームのサインアップと同じくらい、めっちゃ簡単なんだよ。

梅三　じゃ、いまから申し込み手続き一緒にやるの？

父　いや、今日はやらない。用意した内容が全部終わった後も口座開設の申し込みするかどうかはわからない。それは君らがどれくらいこれから話すことを理解できるかしだいだね。

竹二　でも、簡単なんでしょ。

父　そう。簡単。でも簡単なことほど奥が深い。俺たちができることは株式市場で売り買いが可能な会社の株、これを銘柄って言うんだけど、銘柄を選んで買う。その銘柄は上がるか下がるか、この2種類しかない。そして俺たちはどこかのタイミングで売る。**株は上がるか下がるしかなく、俺らは買うか売るかのどちらかしかできない**。

梅三　ゲームの『太鼓の達人』みたい。

父　え、どういうこと？

梅三　「ドン」と「カン」しかない。

父　そう（笑）。それくらいシンプル。さらに俺らが得る結果もたったの2種類。買った時より高い値段で売れればお金は増えるし、買った時よりも安い値段で売ればお金は減る。お金が増えれば勝ちだし、減れば負け。

■「儲かる人」と「損する人」はどっちが多い？

竹二 ってことはさ、勝ち負けは半々になるってこと？ そうだとしたら回数を重ねると結果はプラマイゼロだよね。だったらやってもやらなくても一緒じゃん。
梅三 何でそうなるの？
竹二 勝ち負けの確率が半々ってことはさ、コイン投げと同じじゃん。コインをトスすると裏か表のどちらかが1／2の確率で出る。3回連続で同じ面が出ることもあれば、10回連続出ることもある。でも連続して同じ面が出る確率は回数が増えるほど少なくなっていく。
父 3回連続で同じ面が出る確率は、1／2の3乗で1／8、10回連続は1／1024だね。これ、わかる？
梅三 わかる。
竹二 逆の面が連続して出る確率も同じ。だからコイン投げをたくさんの回数こなすと確率は1／2に近づく。だからコインの裏表どっちかが出る方にお金を賭けるゲームがあるとすると、途中で勝ったり負けたりはするけど、結局プラスマイナスはゼロになるってこと。父さん、合ってる？

父 そう、合ってる。これ「丁半博打」っていうよ。

竹二 何、それ？

父 サイコロを二つ入れた茶碗を振って、ゴザの上に伏せて置く。その出目の和が、丁（偶数）か、半（奇数）かを予想する賭け事。

梅三 ああ、漫画の『カイジ』に出てきたな。父さん、やったことある？

父 ない。時代劇でやくざ者がやってるシーンをテレビで見たことがあるくらい[※1]。話を戻すと、株の値動きは短期間で見れば上がるか下がるかは1／2だ。だから結果は丁半博打と同じでプラマイゼロになる。厳密に言えば株式の売買には手数料がかかるから、その分だけマイナスになる。ちなみに丁半博打も「胴元」と呼ばれる運営者に手数料を払わないといけないから、長期的には胴元しか勝てないんだけどね。

竹二 だったらやる意味ないじゃん。

父 それどころか、手数料を無視したとしても、**実際のところ株は負ける人の方が多い**というデータがあるんだよ。ある証券会社[※2]の調べでは、通算で損をしている

※1 丁半博打を行う場所を「鉄火場」と呼ぶ。カネと聞けば火中の鉄も握るような連中が集まる賭場という意味だとされている（諸説あります）。

人が全体の6割以上で、プラスの人は1割しかいないらしい。プラマイゼロで済んでいる人は平均よりも優秀なんだよ。

梅三　マジで？　何でそうなるの？

父　これが株式投資の奥深いところなんだよね。一番の理由は、最初に言ったように株式投資は手続き的にはものすごく簡単だからだと父さんは思うね。口座は誰でもすぐに作れるし、クリック一つで株は買える。お金が数えられて、字が読めて、四則演算ができてれば、特別な知識がなくてもできる。

■株は誰でもできる。だから株式市場は恐ろしい

竹二　1カ月で10％増えました、みたいな動画見たことある。

梅三　俺は1週間で50万が200万に増えた、ってのを見た。

父　そう。ラッキーパンチがあるんだよ。※3ファンドマネジャーが真剣に選んだ株と、サルがダーツを投げて適当に選んだ株を長期投資した結果サルが勝った、という調査※4もある。でも株式市場って実は恐ろしいところでさ、プロも素人も同じリング上で戦ってるんだよ。何の知識もスキルもなくリングに上がったらヘビー級ボク

※2　野村證券の「ノムラ個人投資家サーベイ（2015年10月号）」によると、個人投資家1000人を対象とした投資動向調査で、通算で利益あるいは含み益となっている個人投資家は、全体の9・3％で、29・1％が損得ゼロ、損失あるいは含み損となっているのは61・6％だったことが判明している。https://www.j-cast.com/kaisha/2019/07/03361507.html

※3　投資運用会社に所属し、市場や銘柄の分析、選定、組み入れ比率や売買のタイミングを検討し、投資家から預かった資産を運用する仕事に従事する人。金融のプロと考えられている。

サーからのジャブ一発で失神しちゃう。たまたまド素人の相手に勝つときもあるけど、まあ基本負けるわな。

梅三 確かに。

竹二 無差別級のバトルだね。

父 だから**知識と経験が必要**なんだ。野球やるならまずバッティングセンターで練習するでしょ。するとそのうち当たるようになる。でも打席に立つと打てない。

竹二 生きた球だし。

梅三 ストライクだけが来るわけじゃないし、変化球もあるしね。

父 プレッシャーもあるよね。ここは絶対に打たなきゃって思うと、打てない。

竹二 確かに。

父 何を隠そう、父さんも長い間ずっと負け組だった。年間を通じてプラスが出るようになったのは、この5年くらい。

竹二 ホント?

父 ああ。だいぶ負けた。だから、どうすれば負けるかはよーく知ってる。いまのところはプラスになってるけど、この先もプラスであり続ける自信は、正直全く

※4『ウォール街のランダム・ウォーカー』(バートン・マルキール著、井手正介訳、日本経済新聞出版)

ない。

竹二　じゃあ、何でやるの？　負けたらお金なくなっちゃうじゃん。

■なぜ株式投資をするのか

父　もちろん、株式投資に手を出さない人生もある。実際にそういう人が大半だしね。事実、日本人の実に6割は株式投資はしていない。[※5] 中には株式投資に回すお金がないからできないという人ももちろんいるのだけど、貯金を全部現金で持っているような人も多い。だからこの講座を聞いた後、やっぱり株なんかやるべきではないと結論付けたとしても、それは一つの考え方だ。尊重するよ。

　だけど父さんが株式投資をやる理由は、可能性を追求したいからだよ。一つは自分自身の可能性の追求。例えば二人とも野球やってるけど、プロ野球選手になって稼ぎたいと思ってやってる？

竹二　いや、俺は絶対それは無理。

梅三　うーん、わからない。

父　プロ野球選手になるのはものすごく確率が低い。ドラフトを経てプロ野球選

※5 フィデリティ・インスティテュート退職・投資教育研究所「ビジネスパーソン1万人アンケート」（2020年）より。

はじめに※5

手になれるのは毎年[※6]100人ぐらい。なったとしても[※7]一軍の試合に出られるのは300人程度しかいないでしょ、すべての年齢の選手合わせて。野球やるのはそれなりにお金かかるけど、「プロ野球選手になる見込みはないからお金の無駄」かっていうと、そういうわけじゃない。父さんは一度も野球をやれなんて強制したことはないから、二人とも好きで楽しいからやってる、ってことでしょ。

竹二・梅三　そう。

父　楽しいってのは、チャンスで打てたり、三振取れたり、試合に勝てたりとかで、いままでできなかったことができるようになるから、ってのはあるよね。

梅三　まさに。それが楽しい。

父　勉強だって同じだよね。大学に入ったら幸せになるわけでもないし、大学出て就職したら必ず稼げるわけでもないのは、君らでも想像がつくと思う。でも、先のことは確約されていないから勉強はしない、って理屈は通らないでしょ。絶対に成功するかはわからないけど、その可能性に期待して、一つひとつわかること、できることを増やしていくわけじゃない？

竹二　まあ、そうかな……。

※6 各球団のドラフト指名者数×12球団。
※7 ベンチ入りできる人数上限26人×12球団。

父　父さんにとっても株式投資は同じ。もちろん自分の可能性に賭けている一番の対象は仕事なんだけどね。できれば株式投資でも勝ち組に入りたい。その方法はあるはずだと信じてコツコツ実践と勉強を続けてる。父さんがいつも言ってることよ。「できると思えばできる、できないと思えばできない」

梅三　あきらめたらそこで試合終了、ってやつね。[※8]

竹二　スラムダンクか！

父　そうそう。自分の可能性を追求したいのが理由の一つ。もう一つの理由はね、父さんは人類の可能性に賭けてる。ちょっと大げさな言い方だけど、まじめな話。いま地球上で人類は最強の生物になったけど、その過程でいろんな試練を乗り越えてきた。肉体的には取るに足らないちっぽけな生き物が、火を使う方法を見つけ、土器、鉄器を発明し、農業革命、産業革命を起こした。数々の自然災害や感染症を乗り越え、大きな戦争を通じて学び、いまではものすごく豊かになった。こうなった理由は、宗教、政治、科学技術などによるところが大きいんだけど、根底にあるのは、すべての人はいまよりも明日を良くしたいと考えている、つまり希望を持っているからだと、父さんは思うのね。そのうちの一定割合の人は希望に近づく

※8　漫画『ＳＬＡＭ　ＤＵＮＫ』の有名エピソード。三井寿が中学生の県大会決勝で勝利をあきらめかけた時、湘北高校バスケットボール部顧問の安西先生に、「あきらめたらそこで試合終了ですよ……？」と言われた。そして三井は残り数秒で逆転シュートを決めてＭＶＰ選手に選ばれた。三井は県の最優秀選手に選ばれたにもかかわらず、安西先生とバスケがしたい一心で、弱小校の湘北高校に入学した。

ために具体的な行動を起こす。すると新しいモノ・コトが生まれ、経済が発展する。人類が存続する限りこれが続くと思ってる。だから株式投資をするんだ。

竹二　最後のところはちょっとわかんないんだけど……。

父　それはこれからじっくり説明していくよ。でも今日のところはイメージをつかんでもらうためにこんな図表を用意した（図表１）。

■日本株は70年で１５０倍になっている

父　これは過去約70年間の日経平均の推移。**日経平均とは、日本を代表する２２５社**[※9]**の平均株価**[※10]のことだ。これを見ると日本の株式市場全体の大まかな値動きを把握できる。横軸が年、縦軸は日経平均の値ね。１９８９年以降下がっていって、２０１２年から上昇に転じているのがわかると思う。

竹二　89年は、バブル崩壊ってやつ？

父　そう。それ以降ずいぶん長い間日本経済は低迷していて、株式市場も活気がなかった。でももう少し長期で見てみよう。日経平均という値の算出が始まったのは、１９５０年のこと。70年の歴史があるんだね。１９５０年の日経平均は１７６

※9 日経平均構成銘柄一覧

※10 詳しくはこちらを参照。https://indexes.nikkei.co.jp/nkave/index/profile?idx=nk225

図表1　「日経平均」はこんなふうに推移してきた

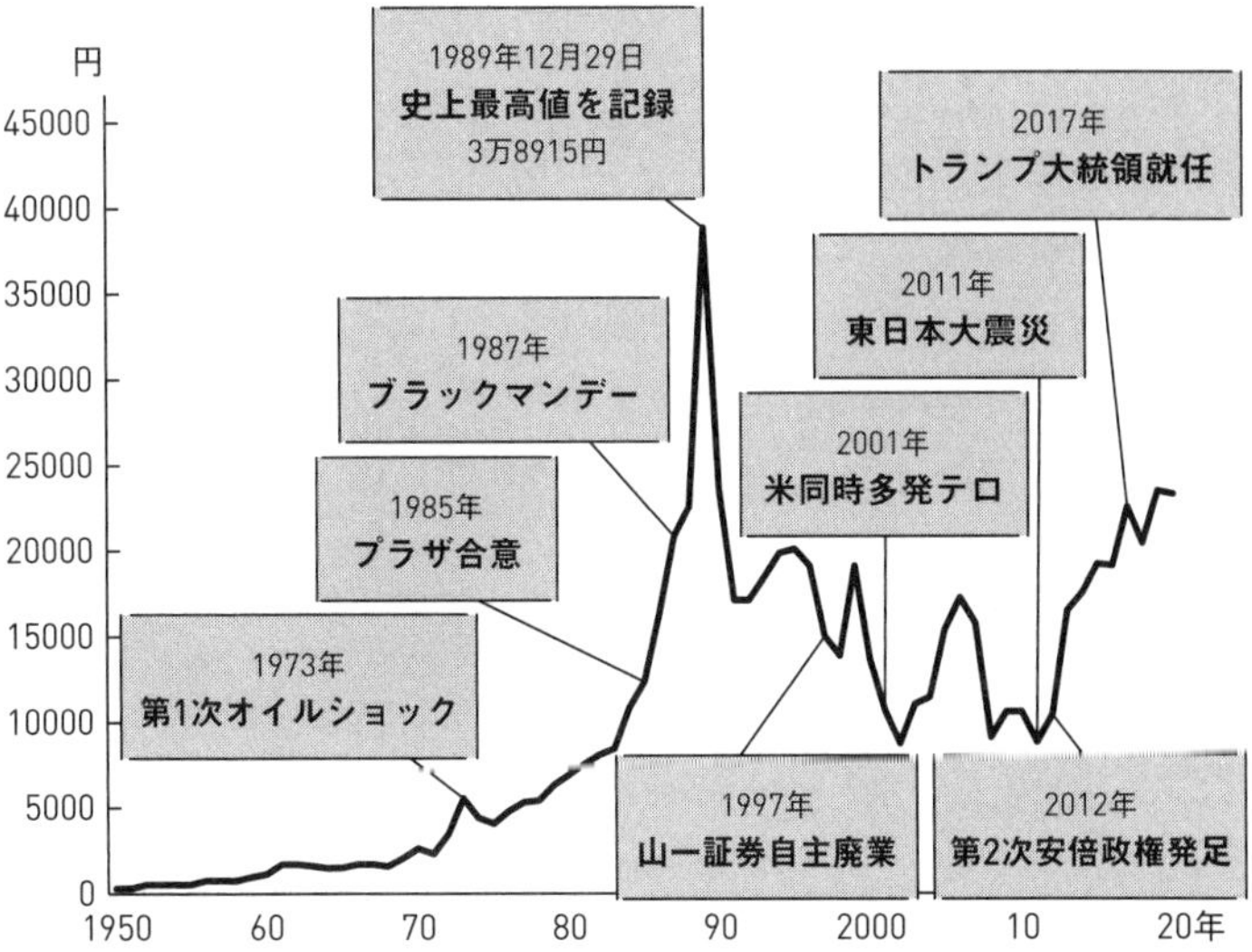

出所：日経電子版 2020年9月7日「『古希』迎えた日経平均 戦後経済を映し出す」より著者作成

円21銭円だったと記録されている。この図にはないけど、2020年の終値は2万7444円17銭だ。ってことは何倍になった？

梅三　だいたい150倍。

父　さすが暗算三段。計算速いね。これが何を意味してるかっていうと、もし1950年に1万円分の株を買ってずっと持ち続けてたらいま150万円になってるってことだ。

梅三　大金じゃん。

父　そう、大金。まあ、

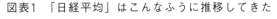

物価[※11]がその間約8倍に上がってるから、その分を割り引いても20倍弱になってる。1万円が20万円になるイメージだね。**1950年からいままで日本経済は平均すると成長してきた。物価は約8倍になって、GDP[※12]も[※13]約20倍になった。**だけど**株価の伸び率の方が150倍と圧倒的に高い**。

竹二　俺の生まれた年はいくらだったの？

父　2003年の終値は1万676円64銭ってあるね。

竹二　ってことは……、2・6倍か。

父　そう。1万円が2万6000円になってるね。

梅三　俺の生まれた2005年は？

父　1万6111円43銭。

梅三　1・7倍か。竹二よりちょっと少ないけど、それでも増えてるね。

父　ちょうど二人が生まれた年あたりは昭和のバブル崩壊直前に最高値を付けて以降、一番株価が低迷していた時期だからね。

梅三　そのころ父さん株やってた？

父　その話は次回以降第4講と第6講でやる予定。

※11 1950年の物価を1としたとき、2020年末の物価は8・35であった。http://www.garbagenews.net/archives/2064125.html

※12 国内総生産のこと。一定期間内に国内で新たに生み出されたモノやサービスの付加価値額を集計したもの。

※13 1950年の日本のGDPは160966百万ドル（1990年の国際米ドルベース≒160円）。

梅三　なんか面白そう。じゃあ俺もいま始めると、15年後には2倍とか3倍になってるかもってこと？

父　その通り。もっと増えてるかもしれないし、そんなに増えないかもしれない。場合によっては減っちゃうかもしれない。

竹二　そうだよね。だって89年に始めた人が俺の生まれた年に株やめたら1／4くらいになっちゃってるってことでしょ。

父　そうなんだよ。だからリスクがある。でも日経平均が下がっている中でも個別の株では上がっているものもあったし、そもそも株式投資の対象は日本株だけじゃない。じゃあ、次にアメリカの株を見てみようか。これはNYダウ平均の超長期チャート（図表2）。NYダウ平均は、日経平均のアメリカ版といまの時点では理解すればいい。

竹二　これもずっと伸びてるね。

父　そうだね。120年で見ると600倍にもなっている。それよりも89年以降を見てみてよ。

竹二　一時的に下がってるけど……、ずっと上がってる。

図表2　NYダウの超長期チャート

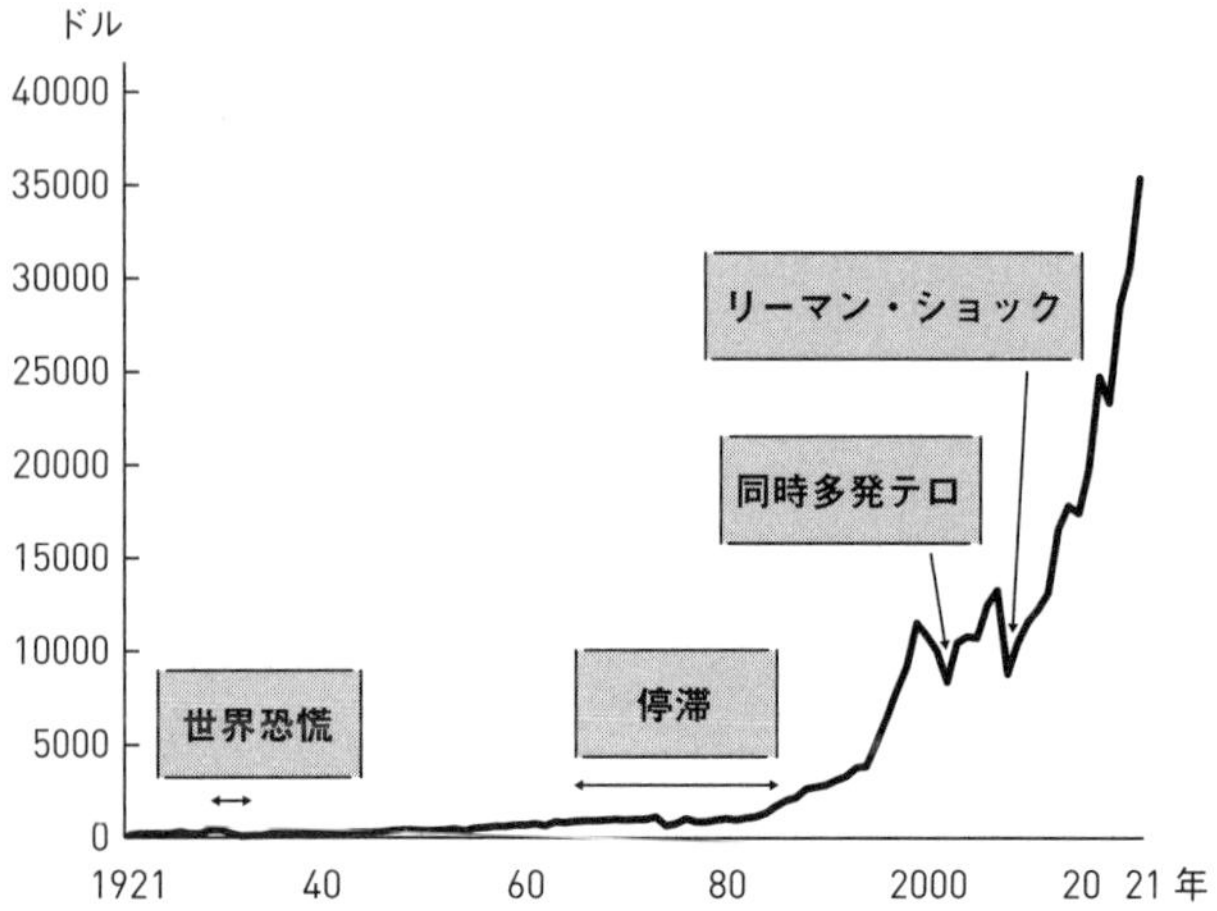

出所：著者作成。1992年以降は各年12月1日の終値をもとに年次データを作成

父　そうなんだ。だから日本のバブル崩壊以降、目利きの株式投資家は日本市場じゃなくてアメリカとか外国の市場に移ったんだと思うよ。父さんはまだ学生だったし、株のことは全く考えたこともなかったから、実体験はないのだけれど。

竹二　でも66年から85年くらいまではずっとアメリカ株停滞してる。

父　その時期はちょうど「ジャパン・アズ・ナンバーワン」なんて言われてた時代で、日本が高度成長期からバブルに突入する時期には、特に製造業がアメリカ市場を席巻した。日本の会社がＮＹのロックフェラーセンターを買ったりしてた時期でもある。

竹二　良かったり、悪かったりするんだね。

父　株式市場は**過去70年間の平均を見れば日本もアメリカも伸びている**。これはね、地中に埋もれた資源を利用して人々が工夫と努力を重ねて新しいものを生み出して、それをたくさんの人たちが使うようになった結果なんだよ。もちろんその過程でビジネスの戦いに負ける人もいるけど、中には再起を果たす人もいる。この人類の営みは、人間が人間であり続ける以上、これからもずっと続くはずだ。もちろん天然資源があることが前提なんだけれど、そうならば株式市場も伸びるから、**株式投資をすれば自分のお金が増える**。これが、父さんがさっき言った人類の可能性に賭ける、って言ったことの意味なんだよ。

というわけで来週から毎週日曜に一時間、株式投資入門講座をやっていきます。今日のところはこれにてお開きね。

◇

こんにちは。山崎将志です。

この本は、株式投資に興味のある中高生の皆さんと、株式投資を学ぶことで自分の中高生の子供たちに豊かな人生を送ってもらいたいと考える親御さんに向けて書きました。

内容は、2021年の1月から3月に私の3人いる息子のうち、高二の次男と中三の三男に一回1時間、7回にわたって教えた株式投資の基本についての講座が元になっています。この講座を始めたきっかけはある日夕食を囲んでいた時に、次男が「株やってみたいな」と突然言い出したことです。理由を聞くと「何となく」と言うのですが、おそらくテレビで最近株価が上がっているというニュースを見たり、それについて妻と私が会話しているのを聞いたりしているうちに興味を持ったのでしょう。

この年代から株式投資について興味を持つのはとてもよいことです。株式投資のリターンは時間の関数ですから、始めるなら早ければ早い方がいい。私が株式投資を始めたのは30代になってからと遅めで、しかもいろいろと手探りでやってきたために最初の10年は失敗ばかりでした。私が経験を通じて学んだことを中高生のうちから理解し、実践できればこの先豊かな生活を送ることができる可能性が高まるはずです。そこで当時中三だった三男も巻き込んで、株式投資の基本的な考え方を教えることにしました。

日本の若者は先進国の中で最も将来に対して悲観的だという内閣府[※14]による調査結果があります。確かに小学校の教科書にも日本は高齢化が進み、いまは現役世代2人が1人の高齢者を支え、2030年には日本人口の1／3が高齢者となり、2040年には1・5人の現役世代で1人の高齢者を支えなければならない、ということが書いてあります。経済成長率が低いいまでは、「自分たちが親世代よりも豊かになれる可能性は低い」というのは彼らの中では半ば常識であり、年金制度は持続不可能であると考えています。さらにはAIとロボティクスの進化により仕事に就くことすら容易ではないという予測を知っています。

私も全く同意見です。しかし自分の子供たちにはそうした流れに乗るだけの人生を送ってほしくありません。経済的に豊かな人生を送る手段の一つは株式投資です。短期売買を繰り返すトレーダーを目指すのは反対ですが、長期投資により仕事

※14 内閣府「平成30（2018）年版 子供・若者白書」 https://www8.cao.go.jp/youth/whitepaper/h30honpen/pdf_index.html

で稼ぐ以外の収入を得られるようになってもらいたいと願っています。

しかし投資をするには元手が必要です。いまの中高生が十分な元手を作るには、まず就職しなければなりません。それも給料の高い会社に就職ができればより多くの投資資金を作ることができます。**実は早いうちから株式投資を始めた中高生は、株式投資経験のない学生よりも就職先選びにかなり有利**です。なぜなら株式投資の大きな目的は成長の可能性の高い企業を見極めることであり、それは就職活動の目的と全く同じだからです。噂やイメージ、ネットの匿名掲示板情報をもとに決断を下すと失敗するのは、投資も就職活動も同じです。**投資家の目を持って世の中を見れば、近所の店が儲かっているかどうか、人気商品がどれくらい利益が出ていそうかなど、日々の暮らしそのものが経済の勉強になります**。それを何年も積み重ねれば、**良い就職ができる可能性はかなり高まる**ことでしょう。

とはいえ、中高生に株式投資なんて理解できるのかと思われる方もいらっしゃるでしょう。私は中高生の知的レベルはほとんど大人と同じと考えています。親御さんは子供たちの知的レベルを見くびらず、また中高生の皆さんは、自身の知的レベルに自信を持ってもらいたいと思います。

自分の高校生時代のことをいまから振り返っても、周りの仲間のレベルはちょっとしたものでした。私は高一の時に先輩に影響を受けてバンドを始めたのですが、その先輩のバンド名は「くもすけ」[※15]でした。ちなみに「くもすけ」のメンバーの一人はいま某大学の教授を務め、テレビのコメンテーターとしても活躍しています。同級生のガールズバンドは「椿姫」[※16]という名前でした。僕らも面白いバンド名を付けようといろいろ考え、「ノイズ・ポリューション」と名付けました。ノイズ・ポリューションとは騒音（Noise）公害（Pollution）を意味する英語です。私の高校生当時は水俣病や光化学スモッグなどの公害が話題になっていたので、自分のバンドはプラスの意味で大きく広がるようにと、こう名付けました。

高校生にこれくらいの知的レベルがあることは、30年前もいまもあまり変わらないと思います。そして、現在の私と皆さんの知的レベルもほとんど同じだと思います。違いは経験と知識の蓄積だけです。

ですから私は、皆さんを子供扱いすることなく、普通に大人同士で話すのと同じレベル感で話を進めていくことにします。ただし、明らかに知識も経験もないであろうと思われることを話題にするときには、丁寧に説明するようにしますから何の

※15 「くもすけ」（雲助）とは江戸時代に住処を定めず雲のようにふらふらとさまよいながら、宿場町で籠を担いでいた人夫のこと。人の弱みにつけこむ、タチの悪い者が多かったところから、無頼の者たちのことをも指す。

※16 1848年に刊行されたデュマの長編小説のタイトルであり、ベルディ作曲のオペラの第三幕のタイトルでもある。念のためこれらは同じ日本語の題名だが、全く違う作品。

問題もなく理解してもらえることと思います。

【あらかじめお断り】

●本書は筆者の企業経営と金融商品売買の経験、および経済学士としての知識に基づいて書かれています。筆者および筆者の経営する事業体は金融庁の定める「投資助言業」の登録事業者ではありません。ただし、情報が書店等の店頭に陳列され、誰でも、いつでも自由に内容を閲覧でき、判断して購入できる状態にある場合は投資助言業に該当しないことは金融商品取引法で規定されています。したがって本書は法令に違反するものではありません。

●個別の企業について詳述している箇所が多くありますが、当該企業の株式の購入を読者に推奨しているわけではありません（本文でも再三触れています）。本書を参考に購入を決断される際はあくまで自己責任にてお願いいたします（＝「お前の話を信じたせいで損したじゃないか！」と言われても何の責任も取れません）。

●株式投資に関して全くの初心者に対するわかりやすさを最優先として書かれてい

ますので、細かい部分について厳密に言えば不正確だ、という場合もありえます。

- 途中で主張が変わるように見える部分がありますが、講義形式で時系列に理解が進むように構成していることが理由です。本書の最も後ろに書かれている内容が最終的な主張です。
- 講義は21年1月から3月にかけて行いましたが、本書の株価や経済指標等の各種データは編集時点における最新のものを掲示し、本文または図版中に日付を記しました。そのため、本書印刷・配本時点、あなたが本書をお読みになる時点、それぞれと数字が異なります。
- ウェブサイトを紹介する際は、ＵＲＬと共に一部にＱＲコードを付けました。ＵＲＬおよびＱＲコードで誘導されるリンク先は、当該サイトの管理者の事情により削除、または内容の改変が行われる可能性があることをご承知おきください。またＱＲコードの直接リンク先は、筆者が管理するBit.lyアプリのリダイレクトページであることをご承知おきの上、アクセスしてください。Bit.lyの利用は書籍へのＱＲコードの記載が読者の利便性に寄与するかどうかを調査する目的です。これにより筆者は読者の個人情報は何一つ取得せず、また読者を危険なサイトに誘導することはありません。安心してQRコードをご利用ください。

以上をご理解の上楽しんでいただけますと幸いです。

本書の十分な理解の上で、最終講でお勧めする方法からスタートし、さらに仕事をするようになって経済活動の現場に触れ、これから成長する会社を見つけて上手に投資していけば、長期的には元手から比べれば相当程度の資産を築けるはずです。株式投資は、普通の人が金持ちになれる唯一と言ってもいいぐらいの手段です。

それでは、始めましょう。

山崎将志

2021年9月

目次

第3講

株価情報をどう見るか

第6講

父さんのしくじり——後悔と反省

第7講

いざ、実践。

登場人物紹介

【父さん】
サラリーマンを経て、現在は会社経営者。
投資歴20年目。株ではいろいろと痛い目にもあった。

【竹二】
高校2年生の次男。
野球に打ち込みすぎて受験勉強が心配。

【梅三】
中学3年生の三男。
昼間は野球、夜は自作PCで友人とオンラインゲームの毎日。

【まつ】
山崎家の愛犬。
飼い主に似てお金の話に鼻が利く。

第 1 講

お金持ちの正体

01 大金持ちは創業上場社長

■芸能界は3万人の椅子取りゲーム

父　話のとっかかりとして、そもそもお金持ちになるにはどうしたらいいかについて考えていこう。ここでは、お金持ちの是非の話はいったん無視して、君らは「お金持ちになりたい」という前提で話を進めていくよ。いい？

竹二　異論なしです。

父　まず、お金持ちになる人の職業って何だと思う？

竹二　社長！

梅三　ＩＴ企業で働くとか。

竹二　ビル・ゲイツ。

父　うんうん。ビル・ゲイツは長いこと世界の長者番付一位だったもんな。高校生も知ってるんだね。じゃ、質問を変えて、お金持ちだと思う人の名前を挙げてみて。

梅三　孫正義。

父　ソフトバンクの社長ね。

竹二　あとプロ野球選手とか。

梅三　前澤さん。

父　前澤友作氏のことね。ＺＯＺＯの元社長だ。

竹二　お笑い芸人。

梅三　明石家さんまとか、ビートたけしとか。

父　なるほど。社長、スポーツ選手、芸能人、ってあたりかな。

竹二　そう、そんなイメージ。

父　面白い調査があるんだ。ちょっと古い本だけど『日本のお金持ち研究』[※1]という本がある。それによると、割合で言うと、お金持ちの職業トップは経営者、次が医者（図表３）。

※1『日本のお金持ち研究』（橘木俊詔、森剛志著、日本経済新聞社）

図表3　お金持ちの職業別分布

	(%)
企業家	31.7
医師	15.4
経営幹部	11.6
芸能人	1.3
スポーツ選手	0.9
弁護士	0.4
その他	38.7

出所：『日本のお金持ち研究』橘木俊詔・森剛志著をもとに作成。現在は公表されなくなった国税庁「全国高額納税者名簿」をもとにしている。

竹二　ああ、医者もあるね。

父　医者の中でも開業医ね。野球、テニス、ゴルフといったスポーツ選手はものすごく稼ぐよね。テニスの錦織圭の２０２０年の所得は34億円以上、野球ならジャイアンツの坂本勇人は年俸５億円とか、ＭＬＢに行った大谷翔平は２年で約９億円とか。でも、人数が少ない。

竹二　確かに。この前も日本のプロ野球選手の数の話をしたもんね。

父　プロ入りできる人は年に１００人前後だから、毎年３０００人合格者が出る東大より入るのが難しい。さらに一軍に入って活躍し続ける選手になるのはもっと確率が低いよね。

竹二　ホントに一握りなんだね。甲子園ですごかった選手でもなかなか一軍に上がれないもんね。

梅三 芸能人はどうなの。明石家さんまとか、すごい稼いでそう。

父 そうだろうね。金額は全くわからないけど、年間10億くらい稼いでても不思議じゃないかな。でも芸能人も同じでものすごく数が少ない。これは芸能プロダクションの経営者から聞いた話なんだけど、モデルも含めた一般に芸能人と呼ばれる人の数は約3万人らしい。

梅三 プロ野球選手よりは多いね。

父 それは言える。でもその3万人の中には芸能活動だけでは生活できない人も含まれている。言い方を変えると「芸能人」の需要が3万人分しかないとも解釈できるね。芸能人の数は30年来全く変わってないらしい。

竹二 新しい人が入ってくると、古い人が出ていく、みたいな。

父 そう。芸能人にはそれぞれポジションみたいなものがあるらしい。例えばだいぶ前に結婚して引退した堀北真希ってわかる?

竹二・梅三 わかるよ。

父 堀北真希がいなくなると、彼女がいたポジションに別の人がすっと入ってくる。

梅三　誰だろう？

竹二　有村架純とか？

梅三　確かに！

父　有村架純とかだろうね。父さんは、堀北真希は堀北真希でしかないと思ってたんだけど、そうじゃないらしい。青春ドラマの主人公、刑事役や犯人役、ママタレとかいろんなポジションがあって、そこが空くと他の誰かがすっと入ってくる。

梅三　椅子取りゲームみたい。

父　まさにその通り。芸能界は「3万人の椅子取りゲーム」。だから、彼らはずっと出続けてないといけないんだよ。でも、人間は歳を取るからずっと同じポジションにはいられない。30歳を過ぎてアイドルは厳しいでしょ。

竹二　確かに。

父　次のポジションに転換できた人は生き残れるけど、失敗するとそこで終わり。そんな世界みたいだね。

梅三　さんまとかたけしはすごいんだね。

父　あと、誰でも顔と名前がわかるレベルの芸能人は１００人はいるけど、

500人は絶対にいないってその芸能プロダクションの経営者は言ってた。だから実質的にはプロ野球選手並みの狭き門なんだよね。

梅三　俺はどっちも無理だわ。

竹二　俺も。

父　まあ、父さんの子供だから遺伝的に無理だよな。わりいな（笑）。

■日本に「社長」は300万人？

父　その次の医者ね。医者は世の中にどれくらいいると思う？

竹二　30万人とかじゃなかったっけ。

父　正解。30万人をちょっと超えるくらい。医学部に合格する学生が毎年1万人弱いて、そのほとんどが国家試験に合格する。

梅三　医学部ってめっちゃ難しいイメージあるけど、人数は野球選手や芸能人よりずっと多いね。

父　そうだね。ちなみに開業医の数は、10万人をちょっと超えるくらい。30万人のうち10万人だから、1／3が自分の医院を経営しているってことだね。

では次。富裕層で一番人数が多い経営者の話に行くよ。日本に会社ってどれくらいあると思う？

梅三　500とか？

竹二　いや、もっとあるでしょ。100万とか？

父　答えは約400万社。

梅三　えー、そんなにあるんだ。

父　そう。**日本には会社が約400万社ある**。社長の数を、って考えると、中には複数の会社の社長になっている人もいるから、正確な数はわからないけど、仮に400万社の3／4としてもそれはなかなかの数だよね。働いている人は日本に何人いると思う？

梅三　7000万人とか？

父　おお、いい線行ってるね。日本の「就業者数」、つまり何らかの仕事をしている人は6600万人。人口の約半分だね。

竹二　ってことは、働いている人の約4・5％が社長ってこと？

父　ざっくり言うと**22人に1人は社長**っていう計算になる。

竹二　ってことは俺のクラスには少なくとも1人か2人は社長になる人がいるってことか。

梅三　割と身近だね。

父　そうなんだよ。確率を考えると、プロ野球選手の何百人や芸能人の3万人より割合はずっと多い。でも野球選手や芸能人がピンキリなのは社長も一緒。だって、社長って誰でもなれるから。

梅三　そうなの？

父　自分で社長になるって決めて法律で定められた手続きを踏めば、遅くとも1カ月後には社長になれる。何の資格も免許もいらない。会社に就職して出世して課長になるよりはずっと簡単だ。「俺、社長です」って言えばそれでオシマイ。

■ビジネスは学歴で勝負するところじゃない

竹二　だけどそれは形だけの話でしょ。

父　その通り。**儲かる社長になるのはとても難しい**。でも**儲かる社長になるのに資格は関係ない。大学にも行く必要がない**。例えばさっき話に出たビル・ゲイツも前澤さんも高卒。

竹二　マジで？　ビル・ゲイツってハーバードじゃなかったっけ？

父　ハーバードに入ったけど、卒業していない。その場合の公的な最終学歴は高卒という扱いだ。

梅三　そうなんだ！

父　ちなみにスティーブ・ジョブズはリード大学中退、ホリエモンも東大文三に入ったけど中退しているから、彼らも高卒。あと前澤さんの最終学歴は早稲田実業。だから皆すごく頭はいいんだけど、**ビジネスは学歴で勝負するところじゃない**、ってことは確実に言えるね。

梅三　勉強意味あんのかなぁ……。

父　そりゃあるよ。大ありだわ。でもその話は別の機会でしょう。では次の質問。社長が300万人いて、その中でもさっき挙がったビル・ゲイツ、孫正義、前澤友作の特徴って何だろう？

梅三　新しい商品をたくさん出している。

父　そうだね。でもあらゆる会社が新しい商品を出してるよ。ネスレのキットカットは毎年新しいの出るし、日清食品もカップヌードルの新作しょっちゅう出す。[※1]

竹二　新しい基盤を作ってる、ってことかな。マイクロソフトのウィンドウズは皆使ってるし、ソフトバンクの携帯を使ってる人も多い。ZOZOは、ファッションのショッピングサイトと言えばZOZO、というふうになった。第一人者になった、ってことかな。

父　なるほど。近づいてきたね。じゃ質問を変えるよ。いま「基盤」っていう言葉が出たけど、世の中いろんな基盤があるよね。例えば輸送基盤の一つである電車を見てみよう。JR東日本にも社長がいるよね。他にも東京ガスとか、エアライン会社とか。そういう会社の社長と、さっき挙げた3人の社長は何が違うんだろう？

梅三　世界に出てること？　日本人だけを相手に商売をしてるから？

※1　全くの余談だが、カップヌードルのフェイスブックが面白い。遊び心満載の写真や動画が定期的に投稿されている。最近の個人的ヒットは中の人がカップヌードルの容器で作ったハンディファンの投稿。https://www.facebook.com/nissincupnoodle/

父　それはいいポイントではある。でもそれはビジネスの内容の話。社長としての違いではないね。ちなみに、ＺＯＺＯは日本に住む人を相手にしてる。

竹二　うーん、意識の違いとか？

父　意識も違うかもね。でも頭の中はわからない。ちょっと質問が難しかったかな。答えは「創業者」であること。

竹二　ああ、なるほど。会社を創った人ってことか。

■大金持ちは全員上場企業の創業者

父　そう。君らが知ってる金持ち社長は、全員創業者だ。

竹二　アップルのスティーブ・ジョブズもそうだわ。

父　じゃ、何で創業者はお金持ちになれるんだろう。

竹二　たくさん給料をもらえるから。

父　それはあるね。しかし世の中に**給料で大金持ちになった人はいない**。もちろん大金持ちの定義によるけど、給料で得られるお金はたかが知れている。所得税率も高いしね。

竹二　でも、カルロス・ゴーンの報酬は10億円とかって見たことあるよ。

父　確かに10億円は大金だよね。仮に同じ報酬額のまま10年間社長やると所得は100億円。もらった分の給料に全部素直に税金を払ったとすると、半分残るとして50億円。確かにこれは大金だわな。

梅三　レバノンまで50億円もどうやって持って行ったのかなぁ。

父　それはわからない。話を戻して、さっきのビル・ゲイツや孫正義っていくら持ってるか知ってる？

竹二　知らない。100億円とか？

父　桁が3つ違うね。10兆単位。このサイトで世界長者番付が見られる。[※2]これは『フォーブス』という雑誌が毎年集計して公開してる情報なんだけど、これによると2021年のビル・ゲイツの資産は13・6兆円（1ドル110円換算、以下本書では全てこのレートを用いる）。

梅三　それでも4位なんだ。1位のジェフ・ベゾスって誰？

父　アマゾンの創業者。19・5兆円てなってるね。

梅三　なるほど。50億円もすごいけど、19兆円の前にはかすんじゃうなぁ。

※2「Forbes World's BILLIONAIRES LIST」参照。http://forbes.com/billionaires/

父　すごい額だよね。ちなみに日本人を見てみよう。日本人のトップはやっぱり孫さん。2位はユニクロの柳井正さんで、4・8兆円。ちなみに20年は2・4兆円だったから、1年間で資産がなんと2倍に増えている。

梅三　ユニクロってそんなにすごいんだ。

父　ちなみに前澤さんは日本人トップ10には入ってないけど、世界では1664位。資産額は2100億円。

梅三　お年玉1000万円配りまくっても全然減らないね。

父　そうなんだよ。彼らはその規模でお金を持っている。では質問。こんなにお金持ちの孫さんがソフトバンクからもらってる給料って、年間いくらだと思う？

梅三　1000億円とかじゃないと、計算が合わないよね……。

父　答えは1億円。

竹二　えー、それでどうやって何兆円にもなるわけ!?

父　ようやく本題に近づいてきました。この勉強会のテーマに立ち戻ると……。

竹二　株、か。

父　その通り。持っている株の価値が上がったことで、これだけの資産を築くことができたってわけ。最初に梅三が挙げたＩＴ企業の社員も確かに高い給料をもらえる可能性がある。仮に年収2000万円として、それを20年続ければ4億円になる。税金を払った後だったら、家族構成にもよるけど手元に残るのは2・5億から3億円くらいかな。大金ではあるけれど、10億円には届かない。

■株を買うことは、成長企業の利益の分け前を享受すること

父　例えば孫さんを例にとると、孫さんは何十年も前に会社を作った。その会社は株式を発行して、それを孫さんが買った。これを**出資**という。出資額はいくらか知らないけれど、仮に1000万円としよう。孫さんはソフトバンクという会社を設立し、ソフトバンクは1000万円分の株式を発行し、孫さんは自分の銀行口座から会社に1000万円を振り込んだ。その対価としてソフトバンクは孫さんに自社の株式を付与した。

竹二　孫さんはソフトバンクにお金を貸したってこと？

父　お金を貸すことと、出資することは全く違う。これは第2講で説明するよ。

梅三　1000万円とか持ってないと会社は作れないの？

父　昔はそうだった。2006年までは株式会社の最低資本金額は1000万円と決まっていた。だから株式会社を作るにはそれだけの額を用意する必要があった。だけど全部孫さんのポケットマネーである必要はない。他の人から出資を募ってもいいし、孫さん自身が他の人から個人的に借りたお金で出資するのでもいい。いずれにしても、物語はここから始まった。

竹二　そしてソフトバンクが成長することで株式の価値が上がって、それに従って、1000万円が1億になり、10億になり、って感じで増えてったわけだね。

父　そういうこと。柳井さんも前澤さんも、創業社長は皆そう。会社が成長して持ち株の価値が上がったことで大金持ちになった。その一方で非創業社長の多くは自社株をそれほど持っていない。学校を卒業して会社に入って出世して社長に昇進するのが典型的だけれども、その間にもらえるのは給料だけで、上場企業であれば株を与えられることはまずない。だから株を途中で買っているとしても、もらった給料の一部で買った分を個人的に持っている程度。社長になると株を持つように促されることもあるけど、その場合も銀行から個人的にお金を借りて株を買うことが多いみたいだね。いずれにしても大手企業に就職して、その会社の規模が拡大したからと言って、その会社の株価の上昇により財を成すというケースは皆無と言っていいと思う。

■「普通の人」がお金持ちになる方法はあるの？

梅三　じゃあお金持ちになるには芸能人や創業社長になるしかないの？　どっちにもなれない普通の人が、お金持ちになる手段はないってこと？

父　起業するとその逆に一文無しになるリスクもあるよ。**会社員として安定した給料をもらいながら、お金持ちになる方法もある。その方法の一つは株式投資をすること**。運が味方すれば社会に出る前にある程度のお金持ちになれる可能性だってある。**投資は2000年以降に生まれた人がお金持ちになるいちばんの近道**だ。

例えば、2011年にアマゾンの株を10万円買ってたら、いま150万円以上になってるよ。

梅三　うわ、10年で15倍以上か！

父　フォーブスの長者番付に載っている人のほとんどは創業社長。この規模の資産家になるには、自分で始めた会社を育てるしかない。でも普通の人であっても、

こういう会社の株を買うことでお金を増やすことができる。俺たちが買える株は基本的には上《じょう》場《じょう》している株。

竹二　上場企業って言葉は聞いたことがある。

父　**株式会社には、上場企業と、非上場企業の2種類がある。**非上場企業の株は相対《あいたい》取引でしか買えない。

竹二　相対取引って？

父　顔と名前がわかっている相手と直接売買行為を行うこと。一方で上場企業の株は証券市場で流通している。市場で流通しているというのは、フリマを思い浮かべてもらえばいい。売りたい人はそこに行って自分の持ち物を売り、買いたい人はそこで欲しいものがあれば買う。そういう行為が行われている場所を、**市場**と呼ぶ。

創業社長はハードルが高いな…
普通の人には「投資」がある！
ワンッ

竹二　証券市場っていうのは、株を持っている人と欲しい人が売り買いをする場

所、って理解でいい？

父　その通り。**企業が上場するということは、その会社の株を誰でも買えるようにするということ**。日本語では新規上場、英語ではＩＰＯという。Initial Public Offering の頭文字をとったもの。直訳すると最初の公衆への売り出しという意味だね。

竹二　非公開株はコネとかで買えないの？

父　相手が売ることに合意すれば買えるよ。**基本的にすべてのビジネスは売買可能**なんだよ。例えば近所の店のオーナーがもう高齢で引退したいと考えているとする。その店は竹二も好きな店で、お客が付いていて儲かっているように見えるから、竹二がこの会社をやりたいと考えた。そうであれば、竹二は店のオーナーと交渉することは可能だ。合意できる金額に達して、竹二がそのお金を用意できれば、店は竹二のものとなる。

竹二　そうなんだ。

父　父さんも非公開会社の株をいくつか持ってるし、父さんの会社の株の一部は他の人が持ってる。過去には非公開のまま会社の株を全部売ったことが2回ある。

これは「**事業売却**」って呼ぶ取引だ。

竹二　それは上場とは違うの？

父　自分が経営する会社の株を第三者に売る、という点では同じだけど、非公開企業の事業売却は、さっき言った相対取引で、上場というのは広く一般に売るという違いがある。この話は第5講で詳しく話すことにするね。

まとめ

■日本のお金持ちの二大職業は**経営者と開業医**。

■スポーツ選手や芸能人の一部は大金を稼ぐが絶対数が少ない。

■現代の**大富豪は全員創業社長**。彼らの富は保有する株価の上昇によって作られる。

■我々が株を買う目的は、成長企業の利益の分け前にあずかること。

■**株式投資は2000年以降に生まれた人がお金持ちになるいちばんの近道**。

02 株価とは何か

■お金を貸すのと投資はどう違うの？

父　さっき話題にのぼった、お金を貸すことと投資することの違いについて説明するところから始めよう。

例えば父さんの会社が誰かから100万円借りたとする。そうしたら会社は約束した利息を乗せて必ず返さなければならない。※3必ず、だ。

一方父さんの会社が100万円分の株式を発行して、誰かにその株を買ってもらったとする。どちらの場合も父さんの会社の銀行口座は100万円増えている。そして父さんはその100万円を元手に商売を頑張る。でも何年か後に失敗してゼロになっちゃったとする。その場合、投資してくれた相手には「ごめんなさい」と謝

※3　厳密に言えば、借金の減免交渉、最終的には倒産等の手段もある。個人であれば自己破産という手段がある。

るだけでいい。そうしたら相手は「残念だったな」と言う。それで終わり。

梅三　えー！　投資ってお金をあげちゃうってこと？

父　そんな甘い話はないよ。いまのは単純化した話であって、もちろん失敗したら誠心誠意謝るし、土下座だってするかもしれない。お金を出した人は聞くに堪えない罵声を浴びせるかもしれないし、金返せと脅してくるかも。でも法的には返さなくていいんだ。その結果人間関係が壊れるかもしれない。でもうまく行けば100万円が1億円になるかもしれないし、毎年配当金をもらえるかもしれない。投資家はそれに期待してその会社の株を買うっていうことなんだ。

竹二　何倍にもなる可能性があるから、最悪ゼロも受け入れるってこと？

父　例えば竹二が将来のビル・ゲイツだったとする。いまのところ[※4]その気配はないけど（笑）。「何かビジネスをやりたいからお金を貸してくれ」って言われても、父さんは絶対に貸さない。でも「投資してくれ」って言われたら投資する。もちろん事業計画書を評価した上でね。お金を貸したら、失敗しても地獄の底まで追いかけなきゃならないけど、投資なら「残念だったな、次頑張れよ」でおしまいだから。

竹二　地獄の底まで追いかけるくらいだから、めちゃ怒られそう。

※4 ビル・ゲイツは高校時代に学友たちと「レイクサイド・プログラマーズ・グループ」を結成。彼らはコンピューターの利用資金を稼ぐためにプログラムを開発し、一夏で5000ドル（当時のレートで約160万円相当）を稼いだ。また、授業のスケジュールをプログラムする夏の短期バイトで自分を女の子ばかりのクラスに入るように仕組んだ。

父　そりゃ怒るくらいはするわな。でも仮にだよ、ビル・ゲイツがマイクロソフト始めた頃に1％でも株を持たせてもらってたとして、今日まで全く売らずに持ち続けていたら、株式の価値だけで1・7兆円になってる。さらに配当金も入れたら、とんでもない資産を持っていることになるんだよ。

竹二　俺、途中で絶対売っちゃいそう。

父　それはたぶん父さんも同じ。そんなに我慢できる自信はないな。話を戻すと、非上場株を買うのはいまの君らには現実的ではないから、上場株を買うしかない。魅力的な会社が上場したら、通常は新しく株式を発行するし、もともとその会社の株を持っていた投資家の一部は売る。それを買って、長い目で見て価値が上がれば嬉しい。**上は青天井だけど、下はゼロ以下にはならない。だから最悪ゼロも許容できる金額の範囲で、成長しそうな株に投資すると嬉しい結果が得られるかもしれない**、ってことなんだ。

■高い株と安い株の違いって？

父　次に株の値段について考えてみよう。例えばある会社の株価がいま1000

円だとする。それは何で1000円という値段が付いているのか？

梅三　一番安いお札だから？

竹二　大喜利かよ！

梅三　だって全然わからないもん。上場してる株の平均？

父　だいぶ遠いね。

竹二　どっかで、株価は会社の価値で決まるって見たことがある。

父　おお、いきなり正解！　**ある時点での会社の価値のことを「時価総額」**と呼ぶ。時価とは魚市場のマグロの値段みたいに、その時々で値段が変わるってことだね。**時価総額を発行済み株式数で割ると、一株あたりの値段が出てくる**。

例えばA社の時価総額が100億円で、発行済み株式数が1億株だとすると一株の値段は100円。同じ時価総額100億円のB社が1000万株発行しているとすると、一株の値段は1000円。じゃ、その100円は安いの？　1000円だと高いの？　A社の株価はB社の株価より安いの？

竹二　どっちが高いとも安いとも言えない。値段は違うけど価値は同じ。

父　そうなんだ。では日本の自動車製造会社を見てみよう。ここに日本の主要な

図表4　主要自動車メーカーの2021年9月2日の株価

銘柄コード	会社名	株価	時価総額(百万円)	発行済株式数	株価／対トヨタ	時価総額／対トヨタ
7203	**トヨタ自動車**	9,650	31,487,925	3,262,997,492	100.0%	100.0%
7267	**本田技研**	3,340	6,050,170	1,811,428,430	34.6%	19.2%
7201	**日産自動車**	559.1	2,359,801	4,220,715,112	6.1%	7.5%
7269	**スズキ**	4,720	2,318,097	491,098,300	48.9%	7.4%
7270	**SUBARU**	2,039.5	1,568,734	769,175,873	21.1%	4.9%
7211	**三菱自動車**	280	417,279	1,490,282,496	2.9%	1.3%

出所：著者作成。「日経会社情報DIGITAL」2021年9月2日終値参照

自動車メーカーの株価情報を並べた表を用意した（図表4）。各社の情報は時価総額の大きさの順で並んでいる。ここで右側二つの列を見比べてもらいたい。例えば時価総額が二番目に大きい本田技研の株価は、トヨタの約1／3だけれども、時価総額は1／5だ。もっと差が大きいところで言うとスズキ。これはどう、竹二？

竹二　スズキの株価は4720円とトヨタの約1／2だけど、時価総額は7・4％になっている。

父　そうだね。その下のSUBARUはどう、梅三？

梅三　SUBARUの株価は2039円とトヨタの約1／5だけど、時価総額は4・

9%しかない。

父　そう。だからスズキの株価はトヨタの約半分だ、という話をしても意味がないんだよね。見なきゃいけないのは時価総額、その時点での企業価値なんだね。

■企業の価値は何で決まる?

父　じゃ、企業価値って何だろう?

竹二　人がその会社のことをどれくらい良いと思っているか、かな。

父　それは「山田君は良いやつだ、田中さんはイマイチだ」みたいな話に聞こえるなあ。企業価値は数字だから、数字で表せる表現で答える必要があるね。

梅三　売上の大きさ?

父　売上は近いようで遠い。実は売上を増やすのは理屈上はすごくカンタン。

梅三　たくさん作って売ればいいから?

父　いや、そうじゃない。ただ売上の数字だけ作ろうと思ったら、100円で仕入れたものを50円で売ればいい。そうすれば無限に売上を作ることができる。でもその代わり、無限に赤字になるから現実的には誰もやらないし、できない。なぜかと言えば、俺たちは100円で仕入れたものを120円、150円、200円、1000円で売ろうとしてる。つまり俺らが欲しいものは？

梅三　利益。

父　その通り！　売上と利益の違いを説明すると、**100円で仕入れたものを120円で売ると、120円が売上で、20円が利益**ということになるね。**できるだけ安く買って、できるだけ高く売る。それをたくさんの人に対して行うのが会社の根本**だ。だから**会社にとっては利益が一番大事**。

梅三　ぼろ儲けしろってことか。

父　なかなかぼろ儲けは難しいけどね。でもぼろ儲けしている会社の株価は高くて、そうでない会社の株価は低い。さっきの質問に対する答えは、**会社の時価総額は、利益の何年分かで決まる**。一般論としては年間の利益の10から50倍。中には1000倍で評価されている会社もある。

竹二　何で利益の何年分かが企業価値になるの？

父　その質問には改めて答えることにする（第5講参照）。いまの段階では、株価は利益の何年分かで決まると覚えておいて欲しい。利益の何年分がその会社の株価を決めるにあたってふさわしいかは市場が決める。市場が決めるというのは、たくさんの人の意見が集約されて決まる、という意味だ。

例えば前年の利益が1億円だった会社があるとする。ある人はこの会社の価値は10倍の10億円が妥当だと考えている。その一方でこの会社の利益はこの先もっと増えるから、50倍の50億円でもいいと思う人もいる。そうした人たち、市場参加者と呼ぶんだけれども、市場参加者の意見はどこかに落ち着くものなんだ。前年の利益1億円は事実として既に確定している。でも来年は1億かもしれないし2億かもしれない。いや半分かもしれない。いろんな予想が集まると、どこかに落ち着くべきところに落ち着く。それが時価総額となる。そして**時価総額を発行済み株式数で割ったのが株価**、というわけだ。

竹二　なら、俺がさっき言った、どれくらいその会社が良いと思ってるか、って答えは近いじゃない。

父　なるほど、そういう意味で「良い」って言ったのね。

竹二　そう。どれくらい期待しているかってこと。

■株価はどうやって決まっているか

父　厳密に言えば、**どれくらい将来の利益が成長すると期待しているか、これによって株価は決まる**ってことだ。**株価が上がるってことは、この会社はもっと利益の額が増えると市場参加者が考えているということで、株価が下がる場合はその逆**だね。実は市場参加者は、過去はあんまり気にしない。興味があるのは将来なんだ。もちろん過去は将来に影響を与えるよ。でもここ10年だけでも震災、津波、トランプ大統領誕生、ブレグジット、新型コロナウイルスの感染拡大なんかがあって、世の中の前提条件がころころ変わっちゃう。前提条件が変わると対応を迫られるんだけど、その対応方法は会社によってまちまちだ。

竹二　そうだよね。緊急事態宣言でも俺の学校は部活がなくなっただけで普通に学校行ってたけど、梅三はオンラインになったもんな。

梅三　学校行ったのは週2でしかも半日だけ。オンライン授業は結構しんどいよ。

父　学校だっていろんな対応があるからね。例えば来日観光客がここ数年伸びていて、オリンピックもあってもっと増えるだろうと予測して、飲食店や宿泊施設の株を18年頃から持ってたとするじゃない。でもコロナ禍で株価が下がっちゃった、みたいなことは長い歴史を見ればそれほど珍しいことではないんだ。だから過去の実績や傾向は絶対的に頼れるものではないし、過去に行った予測もあてにならない。

梅三　不祥事とかもあるよね。タピオカのゴンチャの社長になった人もニュースになってた。

父　よく見てるね。ほんと、そういうのもあるよね。ゴンチャは上場企業ではないけれど、経営陣の不祥事ってのもよくある話だね。でもトップのスキャンダルがあっても、それがその会社の将来の利益に影響がないと判断されれば、株価には影響を与えない。

竹二　ちょっと前に総務省とＮＴＴの接待問題があったよね。

父　そうだね。でもＮＴＴの株価は影響受けてない。もちろんこのスキャンダルは社会的にいろんな問題はあるのだけれど、ＮＴＴの将来の利益とは関係がないと市場が判断したわけだ。いずれにしても会社に将来性がないとみなされたらすぐに売られちゃう。何しろ利益を増やすだろうなという期待に基づいて値段が付いているからね。株式市場とはそういう場所なんだ。

■これから伸びる小さい会社と大企業、どちらに投資する？

竹二 やっぱりこれから成長すると思う小さい会社の株を買うのがいいのかな。

父 うまく行けばそれが一番なんだけど、小さい会社はうまくいかないことの方が多い。株価が100倍になることもあればゼロになることもある。一方で大きい会社は安定しているけど、大きく伸ばすのは難しい。例えばトヨタ自動車を例に考えよう。売上は30兆円で利益は2兆円。株価が倍になることを期待しようと思ったら、利益が倍にならないといけない。

竹二 ということは売上も倍にならないといけない。

父 売上に関しては必ずしもそうではないけれど、[※5]話をシンプルにするためにそう仮定してみよう。トヨタは年間で約1000万台車を売っている。世界中で一番たくさん車を作って売ってる会社だ。その会社が2倍作って売るって結構大変。

竹二 世界中で販売される車の数とか、これから車を買う人が増えるのかどうかとか、いろんなことを予測すればできるかどうかわかるかな。

父 そうだね。まあでも直感的に大変なのはわかると思う。既に大きな会社の時

※5 P95の損益分岐点の解説を参照。

価総額が2倍になるのはかなり大変。例えばさ、健康を維持しながら父さんの体重を倍にするのは結構難しいよ。でもさ、君ら生まれてきたとき3キロとか4キロとかじゃん。でもいまは60キロ超えてるでしょ。15倍から20倍になってる。

梅三　確かに。

父　それと同じで小さい会社に投資するのは魅力があるよ。どんなビジネスも生まれたら成長して、安定期を経て衰退していく。大きな会社は安定しているように見えるけど、中味を細かく見ればいろんなビジネスがあって、草創期、成長期、安定期、衰退期のものが組み合わさっているんだ。

梅三　どういうこと？

父　例えば任天堂を考えてみよう。創業期は花札[※6]を作って売ってる会社だった。ちなみに任天堂は「運を天に任せる」って意味。そのうちゲームウォッチが大当たりして、ファミコン、DS、Wii、Switchと続いてきた。その一つ一つの製品や、ゲームのタイプを「ビジネス」の1単位と考えてもらうとイメージしやすいかな。任天堂みたいな大きい会社はいろんなビジネスを組み合わせているだけでなく、常に新陳代謝している。自社の花形商品を自らぶっ壊しちゃうような新商品

※6 日本独特のカルタのこと。花札の歴史は安土・桃山時代の「天正かるた」、江戸時代上期の「ウンスンカルタ」から、江戸時代中期に現在使用している花札ができたと言われている。
https://www.nintendo.co.jp/others/hanafuda_kabufuda/howtoplay/index.html

を出してくる。だから人間とは違って企業は長続きするんだね。言ってみれば**「ビジネス」は必ず衰退するけど、企業は永遠に生きる可能性がある**、ってことかな。

梅三 じゃあ、ゴンチャはそのうちなくなっちゃうってこと？

父 それはわからない。だって梅三、5年後もタピオカ飲んでると思う？

梅三 うーん、わからない。たぶん飲んでると思うけど（笑）。

父 仮にそうだとしても、ゴンチャがタピオカだけを売っている会社だとすれば、タピオカを皆が飲まなくなったらおしまい。でも時流に沿って新しいドリンクを常に出し続ける会社になれれば、成長するかもね。

いずれにしても投資家を目指す俺たちは、利益が成長しそうな会社を見つけないといけないということはわかってもらえたかな。

竹二・梅三 はい。

父 じゃ、今回はこの辺で。次はどうやって成長しそうな状況にある会社を見つけるかを考えていこう。ちなみに、今回は宿題はなし。

竹二 え、宿題出るの？ 宿題は嫌だなぁ……。

まとめ

- お金を貸すことと、投資することの違いを理解すること。お金は貸したら返してもらう権利があるが、利益は利息分のみ。投資は返してもらう権利はないが、利益は青天井である。
- 一株あたりの値段を見てその株価の高い、安いを比べても意味がない。時価総額で比較する必要がある。
- **株価は企業が生み出す利益と、それの将来の伸びの期待によって決まる。**
- 小さな会社は急激に利益を伸ばす可能性があるが不安定、大きな会社は急に利益は増えないが、安定している。
- 全てのビジネスには栄枯盛衰がある。成長する企業は上手にビジネスの新陳代謝を図り、企業体としては成長していく。
- 投資家の主な活動は**利益が成長しそうな会社を見つける**こと。

COLUMN

勉強をすることのほんとうの意味って？

こと大学受験の勉強に限って言えば、そこで学んだ内容が将来就く仕事でそのまま役に立つことは正直ほとんどない。中学高校の教員、予備校の講師、出版社の教材開発担当者など、仕事によって部分的に役に立つこともある、というくらいだ。

どうして現代の社会で勉強が重視されるかというと、**ひとつは「皆と同じことができる」人が多いと、社会の運営が効率的になる**から。「効率的」の意味は、少ない労力やお金で結果を出せること。日本人は皆日本語が読めるから交通標識で迷わないし、四則演算ができるから買い物はスムーズになる。だから君らも「皆と同じことができる」日本人のおかげで恩恵を受けてるし、同時に君らも社会に貢献していると言える。逆に皆が同じことができないせいで非効率が発生する例には、世代間でPCやスマホの利用スキルに差があることで、行政サービスのデジタル化が進まない、というのがある。どうしても電話で会話しないと理解できない世代のため

に、コールセンターを用意しなきゃなんない。これは無駄だという意見もあるけれど、そこで働く人の雇用創出になっている面もある。それも含めて無駄だと言うなら全国民のIT機器利用スキルを一定水準以上にする施策が必要だけど、お金がかかるし、義務化[※1]するには法制化が難航するはずだ。インクルーシブ[※2]な社会というのはきこえはいいけれど、莫大なお金がかかる。日本は教育水準のベースが高いから先進諸国よりも効率的だけどね。

社会で勉強が重視されるもう一つの理由は、**「できないことができるようになること」が大事だから**。文章が要約できるようになった、二次方程式が解けるようになった、聞いたことのある英語の歌の歌詞の意味がわかった……。学校の勉強を通じてできないことができるようになっていくよね。この過程が大事だ。経験のない状況に直面したときに役に立つ。例えば新型コロナウィルスのパンデミックが起きているというニュースを耳にする。勉強で鍛えられた問題解決能力があれば、少なくとも自分が個人として何をすればよいかは理解できる。人間関係がうまくいかないときでも、原因を考え、適切な情報に当たり、行動を変えていけば解決できる。

それから学校ではいろんな科目を勉強するよね。問題解決には多面的なアプロー

※1 例えば年金の継続受給には「市民IT基礎検定初級」の取得が必要など。

※2 誰もが障害なく参加できる社会のこと。

チが必要だからだ。こんな小話がある。

『詩人、物理学者、数学者、哲学者、生物学者がスコットランドを走る列車に乗っていた時、一同は車窓から一頭の黒い羊が牧場に立っているのを目にした。詩人「スコットランドの羊は毛が黒いんですね」。物理学者「いや、スコットランドには黒い羊が少なくとも一頭いる」。数学者「いや、少なくとも一頭、少なくとも片側が黒く見える羊がいる」。哲学者「羊とは何か？　黒いとはどういう状態か？　そもそも、目の前の現実は正しいのか？　待てよ、現実って何だ？　正しいとはいかなることか？」。生物学者「じゃあ確認してくる」。そう言って車窓から飛び降りた』。

こんな風に学校で習う科目はそれぞれ頭の使い方が違うでしょ。だからいろんなアプローチでの問題解決ができる訓練になる。

というわけで、いま勉強している内容そのものは将来の仕事に直接役に立つわけではない。世の中のほとんどの仕事はＩＱ１００あれば十分こなせる。だけど勉強の過程で習得したスキルアップの方法や問題解決能力、これこそが将来役に立つ。

えっ、結果が出るのがだいぶ先だから、いま勉強するモチベーションにはならないって？　うーん、父さんとしては待つしかないかな。内側からモチベーションが湧き上がってくるのをね。親も忍耐力が要るのよ。株式投資と全く同じだね。

第2講

どんな会社に投資するといい？

01 時価総額ランキングを見てみよう

■日本で「時価総額」が大きな会社はどこか

父 前回、株の値段は何で決まるのかについて話したよね。覚えてる?

竹二 株価は業績で決まる。

父 だいたい合ってる。より具体的には?

梅三 利益。

竹二 その会社が利益を将来どれくらい作るかを、人が予想して決まる。

父 その通り。いい感じだね。今日は投資すべき会社を検討する方法についてやっていくことにするよ。それにあたってまず二つの話をします。一つはいま大きな会社はどこか、二つ目は過去5年とか10年で成長してきた会社を見てみることにする。ところで会社の規模を測るには何を見るんだっけ？

竹二　企業価値。

梅三　時価総額。

父　正解。では本題に入ろう。日経新聞電子版の中に、「**日経会社情報DIGITAL**」[※1]というサービスがある。これは無料で誰でも使える（一部は有料）から、これで見てみよう。まず日本の株式市場の時価総額ランキングを見てみよう。メニューから「ランキング」をクリックして、表示される「ランキング一覧」から「時価総額上位」を表示させよう（図表5）。

梅三　一位はトヨタか。

竹二　二位のキーエンスって？

父　主に工場で使うセンサーを作って売る会社。この会社は社員の給料が高いことが有名で、20年くらいずっと年収が高い会社ランキングで上位にいる。平均で2000万円くらいもらえるらしい。

竹二　すごい！

父　すごいよ。それから三位がソニーグループね。

※1「日経会社情報DIGITAL」

第2講※2

図表5　日本企業の時価総額上位

更新：2021/9/2 15:50

外国部を除く

銘柄フォルダ	順位	証券コード	銘柄名	時価総額(円)	現在値（円）(時刻)	前日比(円)
追加	1	7203	トヨタ	31,487,925,797,800	9,650 (15:00)	−2
追加	2	6861	キーエンス	16,302,211,058,520	67,030 (15:00)	−60
追加	3	6758	ソニーG	14,628,281,859,600	11,600 (15:00)	+160
追加	4	9432	ＮＴＴ	11,854,497,588,660	3,039 (15:00)	+60.5
追加	5	6098	リクルート	10,932,158,353,380	6,446 (15:00)	−12
追加	6	9984	ＳＢＧ	10,611,672,023,070	6,159 (15:00)	−45
追加	7	8306	三菱ＵＦＪ	8,162,779,067,120	601.0 (15:00)	−6.5
追加	8	6367	ダイキン	8,145,637,309,670	27,790 (15:00)	+205
追加	9	9433	ＫＤＤＩ	7,864,164,804,150	3,413 (15:00)	+28
追加	10	9983	ファストリ	7,764,591,619,200	73,200 (15:00)	−150

出所：「日経会社情報DIGITAL」2021年9月2日終値データ

梅三　四位のＮＴＴってドコモのこと？

父　いやドコモじゃない。携帯電話事業をやっているのはＮＴＴドコモっていう独立した会社。でも、20年にＮＴＴがドコモを子会社化したから、いまはちょっとだけ正しい。ＮＴＴは固定電話とインターネットを中心とした会社。

竹二　五位のリクルートは、聞いたことあるけど何やってる会社かは知らない。

父　そうね、高校生にはいまのところ関係ないかもね。リクルートっていう社名はRecruit、つまり人の採用って意味だけど、企業向けの人事サービス、生活情報の提供、人材派遣の3つのビジネスが主な柱。

竹二 六位のSBGって?

父 ソフトバンクグループ。銘柄名は略語で書かれていることが多いけど、それをクリックすれば詳細な情報が見られるよ。その後の七位の三菱UFJは金融会社を束ねている会社。銀行、信託、証券、カード、リース等のビジネスをやっている。八位のダイキンはエアコンを作っている。九位のKDDIは通信の会社だ。

■「ユニクロ」と「ファストリ」の関係って

竹二 十位のファストリって?

父 ファーストリテイリングの略。これはね、ユニクロをやっている会社。

竹二 へぇ、そうなんだ!

父 そう。他にもジーユーとか。

梅三 ジーユーってユニクロなの?

父 いや、ジーユーがユニクロってわけじゃない。

梅三　じゃ、ファーストリテイリングとユニクロってどう違うの？

父　いい質問だな。まずはそこから説明しないといけないね。ユニクロってのはブランドの名前。そのブランドを管理して、アパレル製品を売っているのが株式会社ユニクロ。株式会社ユニクロ自身は上場していなくて、その親会社[※2]であるファーストリテイリングという会社が上場している。こういう関係なんだ。ちなみにこの関係におけるファーストリテイリングは持ち株会社[※3]という。

梅三　なるほど。ジーユーも同じ？

父　そう、同じ。ジーユーは、ユニクロと同様、株式会社ジーユーという会社がジーユーブランドを管理している。ちなみにファーストリテイリング社はユニクロとジーユー以外にもいくつかアパレルのブランドを持っていて、それらを全部合わせた価値が、ファーストリテイリングの時価総額になっているんだよ。

■株はいくらから買えるの？

竹二　この中だと初めて聞く会社はキーエンス、リクルート、ダイキンかな。

梅三　例えばトヨタ[※4]の株を買おうと思ったら、ここに書かれてる９６５０円あれば

※2 子会社の株式の50％以上を所有している会社。保有株式が50％未満であっても、実質的に子会社を支配している場合は親会社とみなされる。

※3 子会社の経営や事業を支配することを目的に株式を保有し、グループ全体の経営戦略や事業計画などに携わる会社のこと。

買えるってこと？

父 そう。買える。まあ厳密にいうと株式の売買は単元株単位で行う必要がある。

梅三 単元株って何？

父 **単元株は、株式を売買する時の最低売買株数**のこと。例えばトヨタで言えば100株で1単元。2021年9月2日の終値ベースで言えば9650円の100株分、合計約96万5000円あって初めて正式な株主になる。

竹二 そんな大金がないとトヨタの株は買えないのかぁ。

父 現実には証券会社が独自に単元株未満でも買える仕組みを提供している。ミニ株とか、単元未満株など呼び方はいろいろだけど。株主としての権利に少々制約があるけどね。

竹二 何で単元株とかがあるの？

父 ほら、スーパーで売ってる卵は6個とか10個パックじゃない。乱暴に言えば、管理がめんどくさいから。

梅三 薄皮クリームパンは5個入りとか、食パンは一斤とかと同じこと？

※4 トヨタは2021年9月29日に1株を5株に分割した。なお、同日終値ベースでの株価は2075円、単位株ベースでは27万7300円となる。本文は、分割前のデータを元に展開している。

父　まあ、そういうこと。単元株は発行会社、つまり企業が1株から1000株の範囲で自由に決められる。1株単位で買える会社もたくさんあるよ。ちなみにトヨタの時価総額はいくら？

竹二　桁がすごいね。百万、千万、一億、十億……、31兆5000億円か。

父　そう。かなり大きな金額だよね。この数字覚えといてね。では、次にアメリカの株を見てみよう。

■アメリカ市場の時価総額ランキング

父　アメリカ市場の時価総額1位はどこだと思う？

梅三　アマゾン？

竹二　マイクロソフト？

梅三　GAFAのどこかでしょ？

父　すごいねぇ梅三、GAFAなんて知ってるんだ。

梅三　えへへ。母さんにこの前教えてもらった。

父　じゃ、実際にランキングを見てみよう[※5]（図表6）。

図表6　アメリカ市場の時価総額上位

（ドル）

順位	名称・ティッカー	取引値	時価総額
1	**アップル** [AAPL]	152.51	2,521,015,617千
2	**マイクロソフト** [MSFT]	301.83	2,268,219,625千
3	**アマゾン・ドット・コム** [AMZN]	3479	1,761,906,569千
4	**アルファベット** [GOOG]	2916.84	933,880,261千
5	**フェイスブック** [FB]	382.05	910,735,475千
6	**アルファベット** [GOOGL]	2904.31	874,443,093千
7	**テスラ** [TSLA]	734.09	735,387,381千
8	**台湾セミコンダクター・マニュファクチャリング** [TSM]	120.46	624,714,715千
9	**エヌビディア** [NVDA]	224.41	561,025,000千
10	**JPモルガン・チェース・アンド・カンパニー** [JPM]	159.72	477,268,173千

出所：2021年9月2日7時40分時点のデータをもとに著者作成。

竹二　1位はアップルか！

梅三　トップの4つのうち3つはGAFAだね。

父　実はGAFAという言葉が使われるようになった後に、マイクロソフトの業績が上向いてきたから、GAFA「M」と、最後にMを付けてマイクロソフトを入れてテック大手を分類することもあるよ。

竹二　グーグルが入ってない。

父　グーグルは15年に持ち株会社化して、アルファベットという名前で上場している。関係としてはさっきのファーストリ

※5「日経会社情報DIGITAL」では米国株のランキングはないが、「Yahoo!ファイナンス」の方で時価総額ランキングにアクセスできる。https://stocks.finance.yahoo.co.jp/us/ranking/?kd=4&tm=d

テイリングとユニクロと同じ。ほら、リスト中のカタカナの名前の下に「GOOG」とあるでしょ？　ここに名残がある。

竹二　ホントだ。アメリカの時価総額トップ5が全部GAFAMってことか。

梅三　あれ、アルファベットは4位と6位に二つあるよ。

父　その通り。カタカナでは同じ名前だけど、その下にGOOG、GOOGLとそれぞれあるね。ちなみにこれらはティッカーと呼ばれるその会社の株式コードのこと。上から行くとAAPL、MSFT、AMZN、FBとあるね。何となく会社名が想像できるような略語が使われている。

梅三　日本は？

父　日本は**銘柄コード**と言って、4桁の数字で表されている。その数字から会社名は連想できないけれど、**頭の一桁は産業分類を示す意味ありコード**になっている。例えば時価総額日本トップのトヨタの銘柄コードは7203、7000番台は自動車・輸送機の業種を表している。ソフトバンクグループのコードは9984、9000番台は運輸・通信・電気・ガス・サービス業。ソニーグループは6758で、6000番台は機械・電機の会社、という具合だ。

梅三　わかった。それでGOOG、GOOGLはどう違うの？

父　この二つの株は両方ともアルファベットの株ではあるけれど、種類が違う。具体的にはGOOGには議決権がなく、GOOGLには議決権がある。

梅三　議決権って何？

父　**会社が大きな決定をするときには、多数決で決める。その票数のことを「議決権」**と言って、それは株式の持ち分によって決まる。例えば1人の人が51％の株式を持ってて、49人が1％ずつ持っている会社があるとすると、1％を持ってる49人が全員反対しても、51％を持ってる1人が賛成すれば、それは「多数決」で決まったことになる。

竹二　人数じゃないんだ。

父　そう。株の持ち分で決まる。

梅三　お金をたくさん出した人の意見が通る世界なんだね。

父　面白いよね。株式会社ってそういう仕組みなんだ。で、**一般的には株＝議決権のある株式なんだけど、会社は議決権のない株式を発行することができる**。その場合は、**議決権のある株式を「普通株」、それ以外の株式を「種類株」**と呼ぶ。要するに、グーグルの株式は「普通株」と「種類株」がそれぞれ別のものとして上場していることだ。これはテクニカルな話だから、とりあえず今日のところはアルファベットの二つの株式は同じと見なして話を進めよう。二つの時価総額を足したものがアルファベットの時価総額といまの時点では考えることにする。そうすると実際はフェイスブックよりも上にあることになるね。

竹二　なるほど。やっぱりフェイスブックよりグーグルの方が大きいというのは感覚的にわかる気がする。

父　とにかく時価総額トップ5はGAFAM。続くテスラ。これは？

竹二　イーロン・マスクの電気自動車の会社。

父　へー、知ってるんだ。

竹二　テスラには男のロマンを感じるよ。

梅三　8位の台湾セミコンダクターは？

父　これは半導体のファウンドリー。ファウンドリーとは製造工場のこと。世界で作られる半導体の50％以上はこの会社が製造している。TSMCは昔は単なる下請け工場だったんだけど、いまは技術を蓄積してこの会社がなければ世界最先端の半導体は作れないと言われている。

竹二　いま半導体が足りないとかって、ニュースでやってるよね。

父　そういう意味でもTSMCは注目企業だね。9位のエヌビディアはGPU[※6]の会社。これは第4講で詳しく取り上げる。最後に10位はJPモルガン・チェース・アンド・カンパニー。

梅三　日本の会社？

父　JPって付いてるけど日本とは全く関係ないよ。創業者ジョン・ピアポント・モルガンのイニシャル。

■GAFAM5社だけで、東証一部の全企業の合計を上回る時価総額

父　ここまでが上位10社ね。さてどれくらいデカいかを見てみよう。1位のアップル、時価総額いくら？

竹二　えーと、今度は数字の後ろに「千」と書いてあるよ。

父　これは一番小さい桁が千という意味。

※6 Graphics Processing Unit の略で画像処理に特化した処理装置。詳しくは第4講。

竹二　ってことは、千、万、十万……。

父　あのね、大きい数字を数えるにはコツがある。数学ではべき乗を使うし、化学ではマイクロとかナノとか使うでしょ。同じようにお金の話をするときには、カンマごとの単位を覚えておくと便利だよ。カンマ一つ、つまりゼロが3つだと？

梅三　千。

父　その次は？

梅三　百万。

父　そう。そして十億、一兆となる。君らがこの先ずっと1000円、1万円の単位だけ数えて生きていくならそれでいいけど、大きいお金を動かせるようになるためには、この数え方を覚えてね。

竹二・梅三　はい。

父　じゃ、アップルの時価総額はいくら？

竹二　カンマが3つで、千、百万、十億……。

梅三　いや、ゼロのところが千から始まるんだから、百万、十億、一兆で、2兆？

父　そう。ちなみにこれは通貨がドルだから、1ドル110円を掛けると？

梅三 277兆円！

父 そうだね。それにマイクロソフトの249兆円、アマゾンの194兆円と続く。この上位3社の時価総額を足すと690兆円。それにアルファベットとフェイスブックを加えると990兆円になる。東証一部に上場する日本企業の時価総額合計が約700兆円だから、**GAFAMのたった5社で東証一部の2192社全部合わせた時価総額を上回っちゃう**んだよ。

竹二 GAFAMってそんなにデカいんだ！

父 本当にすごい。俺らの日常生活はと言えば、グーグルで検索して、アマゾンで買い物して、フェイスブックで友達とコミュニケーションして、アップルミュージックで音楽を楽し

む。仕事でも文章を書くのはマイクロソフトのワードだったり。じゃ、次回はなぜこれらの会社が時価総額が高いのかを考えてみよう。

まとめ

- **会社の大きさは株式の「時価総額」で測る。**
- 日本企業の時価総額ランキングは「日経会社情報DIGITAL」などで見ることができる。
- 日本企業の時価総額トップ5は、①トヨタ、②キーエンス、③ソニーグループ、④NTT、⑤リクルートである（2021年9月2日時点）。
- アメリカ企業の時価総額トップ5はアップル、マイクロソフト、アマゾン、フェイスブック、グーグルである。この5社はそれぞれの企業名の頭文字を取ってGAFAMと呼ばれ、その時価総額合計は東証一部の時価総額を超えるほどの大きさである。

02 GAFAMの時価総額が高いのはなぜ？

■GAFAMの共通点はなに？

父 ではGAFAMの時価総額がなぜ高いのかを考えてみよう。竹二、どう？

竹二 父さんが前回言ってたように、日常生活に欠かせないから？

父 そうだね。でも近所の食品スーパーも日常生活に欠かせないよ。

竹二 常に新サービスを出して機能をアップデートしているから？

父 近所のスーパーも新商品いつも出してるよ。文房具メーカーだって毎年新モデル発売してる。どこの会社も常に機能をアップデートしてるよ。

竹二 世界を相手に戦ってる。

父 トヨタも世界中で車売ってるよ。売ってるだけじゃなく作ってる。ソニーも任天堂も世界中で売ってる。

竹二 うーん、わからない。

父 いやいや、どれも不正解ってわけじゃないんだ。時価総額が大きくなるために重要な要素であることは間違いない。でも決定的なものは何かってこと。じゃ、ヒントを出すよ。業種の違いに着目してみて。

竹二 あ、そうか。モノを作ってない！

父 正解。これらの会社の事業の中心はコンピュータ上で動くソフトウェアによるサービスを提供することなんだよ。トップ10のうちモノ売りが中心なのはテスラ、TSMC、エヌビディアの3社だけだね。一方の日本のトップ10はどうなってる？

竹二 トヨタ、キーエンス、ソニー、ダイキン、ファーストリテイリングの5社か。

父 そうなんだ。それぞれトップ50社まで見てみると、**アメリカの時価総額上位は、IT産業も含めたサービス業が中心で、日本のそれは製造業が多い**。ではなぜそれが起こるのかを考えてみよう。

梅三 アメリカの会社は世界展開してるから?

父 日本の上位10社もすべて世界展開はしているよ。トヨタは販売台数で見れば海外が3/4だし、ソニーも7割が海外の売上だ。リクルートも海外が5割弱、唯一日本国内中心で売上を上げているのはNTTだけかな。この会社は海外展開が極度に苦手みたいだけど。

■マイクロソフトとユニクロの儲けの仕組みの違い

梅三 英語だから?

父 それも要因としては大きい。日本語話者1・3億人に対して、英語の話者は18億人いるからね。じゃヒントを出そう。ユニクロの洋服をたくさん売ることと、マイクロソフトのパワーポイントをたくさん売ることは何が違う?

竹二 わかった。ソフトはほとんどタダでいくらでもコピーできるから。

父 その通り。厳密にはタダじゃないけど。つまりこういうことだ。同じ機能のソフトウェアを英語で作ろうが、日本語で作ろうが、作る手間は同じはずだよね。

竹二 だけど、日本語のソフトは最大でもユーザが1・3億人に対して、英語のソフトは最大18億人に売れる、と。

父　そして開発コストを回収した後は、ほぼ利益になる。いまの例で言えば単純計算して約14倍の市場規模があるってわけだね。一方でユニクロは一点ずつ洋服を作らなきゃならないから、一点売るごとにコストが発生する。おまけに洋服には売れ残りも発生する。さらに、洋服は一点ずつの取引で、一回買ってくれた人が次も買うかどうかは予測できないけれども、ソフトウェアは最近主流になっている月額課金型の売り方にすれば、ずっと安定した売上が入ってくる。さらに言えばユニクロは店を作らないといけなくて、店を作るにも維持するにもお金がかかる。だけどマイクロソフトには店がない。ということは固定費が低い。

竹二　固定費って？

父　**固定費は、何もしなくてもかかるお金**のこと。例えばユニクロの店は休みの日にも家賃や水道光熱費がかかるよね。こういう費用が固定費。**固定費が低いと、売る量が少なくても利益が出やすくて、固定費が高いとたくさん売らないと利益が出にくい**。もう一つ、固定費の対義語として変動費というものがある。**変動費は商品を一点売るごとにかかるお金**。お客がクレジットカード決済したときの手数料とか、こまごまとある。

梅三 レジ袋とか？

父 そう、レジ袋も変動費。いままで変動費として店が負担してたけど、有料になってお客に転嫁されたね。ユニクロなら一袋10円、スーパーなら3円とか5円が新しく売上になった。この固定費と変動費の話を整理してみよう。マイクロソフトのようなソフトウェア販売業と、ユニクロのような小売業を比較するとこうなる。

- ソフトウェア販売業：**固定費小／変動費小**
- 小売業：**固定費大／変動費大**

これは個別にマイクロソフトが、ユニクロがという話ではなく、あくまでそれを一般化した話ね。イメージを持ってもらうために例を考えよう。あるソフトウェアを開発するのに10億円が必要だとする。はい、カンマいくつ？

竹二 えーっと、千、百万、十億だから、カンマは三つ。

父 そうだね。10億はカンマ三つでゼロが9個。では次。仮にパワーポイントを一人に1万円で売ると、何人に売れれば元が取れる？

梅三 10万人。

父 お、速い。どう計算した？

梅三 ゼロが9個から、1万円のゼロ4個を引くと、ゼロが5個。だから10万。

父 そうそう。いい感じ。ということは10億円かけて作ったソフトウェアは10万本売れば開発コストは回収できる、その後の売上はほぼ全て利益になる。この10万本の売上に相当する数字を損益分岐点と呼ぶ。どれだけ売れると利益が出るかを知りたい時に、「損益分岐点となる売上額はいくら」って言い方をよくするよ。この概念をよく知ってもらいたいから、さっきの比較表を**損益分岐点**という言葉を使って言い換えると、次のようになる（図表7）。

- ソフトウェア販売業：固定費小／変動費小　**↓損益分岐点が低い**
- 小売業：固定費大／変動費大　**↓損益分岐点が高い**

竹二 マイクロソフトみたいなソフトウェア販売業は、売上が大きくなると、もの

図表7　固定費を下げると損益分岐点も下がる

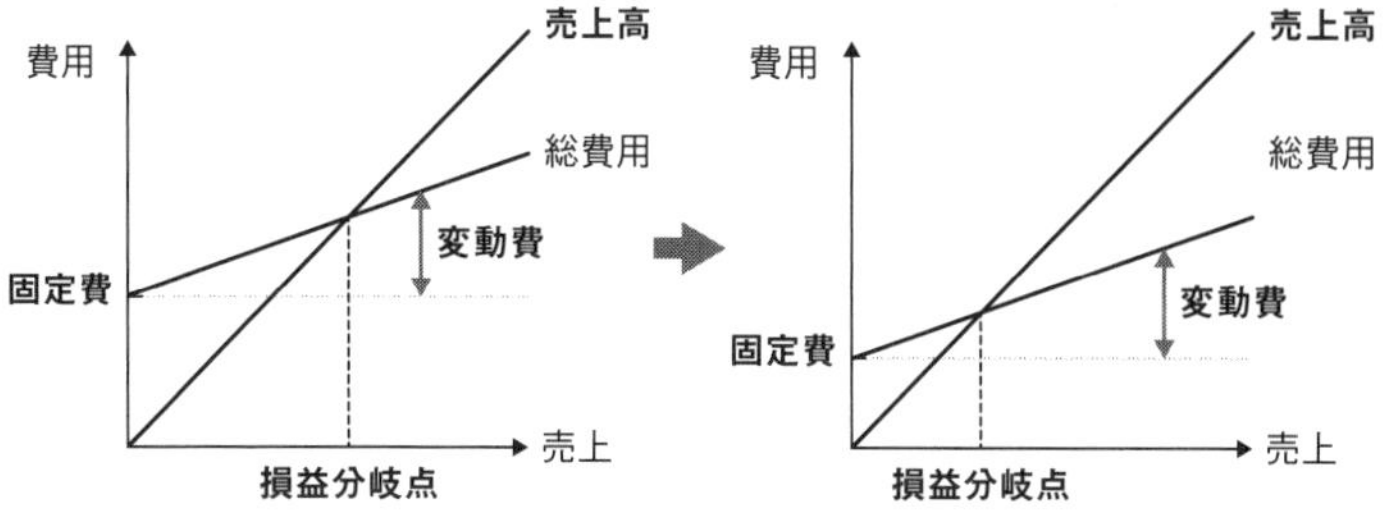

出所：著者作成

すごく利益が出るのは、損益分岐点が低いからなんだね。

父　それが一番の要因。その上商品の利益率がものすごく高い。何度も言うけど、時価総額は、将来の利益額の見通しで決まるよね。

竹二　だからマイクロソフトは時価総額がデカくなるんだ。

父　さっき見たトヨタも時価総額は世界トップ30に入るほどにデカい。でも製造業だから工場の設備投資が大きいし、一台ずつ作るための人も要るし、一台ごとに原材料費がかかる。車を一台売っても、それらのコストを全部差し引いた額がやっと利益になるんだ。

竹二　マイクロソフトのソフトはコピーをダウンロードするだけだもんね。それが世界中で行われている。

父　というわけで、GAFAMの時価総額が大きい理由はだいたいわかったかな？

■過去10年でGAFAMはどれくらい伸びたか

父　じゃあ、次はGAFAMの株価がどれくらい伸びてきたのかを見てみよう。そうだな、過去10年で、まずアップルの株価。

梅三　おー！

竹二　毎年伸びてるね。特に20年からがすごい。

父　いまは150ドル前後だけど、10年前はどうだったかな。このチャートだと細かくて数字が見づらいから、時系列で見てみよう。ヤフー！ファイナンスでは、「時系列」というボタンを押して、表示された画面で特定の日付の範囲を入れると、その時期の株価が見られる。この表の終値を見てみよう。

梅三　あれ、370ドルとかってなってる。

父　これはこの10年の間で2回**株式分割**※7をしているから。チャートの14年と20年のあたりに▼マークがあるでしょ。凡例にはSplitsとある。これが株式分割のこ

※7　既に発行されている株式を、1株を2株などに分割すること。株式を保有している投資家には、分割された株式が割り当てられる。株数が増えても会社の価値は変わらないため、基本的には分割された分だけ1株当たりの価格が修正される。例えば、株価が1000円の株式が1対2の株式分割（1株を2株に）をした場合、分割後の保有株数は2倍になるが、理論上1株の株価は500円となる。

と。14年の時は1株を7分割に、ついこの前の20年の時は4分割した。だから1株の値段が単純に1/28になった。

竹二 約13ドル。ってことは10年で12倍になりました、と。10年前にアップルの株を10万円くらい買ってると、120万円になってるってことか。

父 そういうことだね。

梅三 すげぇ!

父 次はマイクロソフト。いまだいたい300ドルで、10年前は25ドル前後。

梅三 12倍かぁ。3位のアマゾンは?

竹二 これも上がってる。

父 じゃ、梅三、自分でウェブページ触って調べてみて。

梅三 えーっと、この日の値段が3479ドルで、10年前は……212ドルだから、16倍強くらいか!

竹二 16倍いまのところ最高の上昇率だね。

父 あと、梅三、グーグルとフェイスブックも調べてみて。

梅三 グーグルは、このアルファベットだよね。いまが2904ドルで、10年前は

532ドル。約5・5倍か。

竹二　5・5倍でも十分大きい。

父　俺は上場したときのことをよく覚えてるよ。04年8月19日。売り出し価格は85ドルだった。

梅三　ってことは、34倍!?

父　いや、それどころじゃない。14年に1／2に株式分割をしているから、いまの発行株式数から逆算すると売り出し価格は85ドルの半分、42・5ドルとなる。

竹二　70倍か!

父　これは強烈だよね。

梅三　次にフェイスブックは……いま382ドルで、あれ、10年前の数字がない。

父　フェイスブックが上場したのは12年5月12日だからね。売り出し価格は38ドルだった。

梅三　ってことは、約9年で10倍かぁ。

竹二　10年前に戻れるんなら、アマゾンとフェイスブック買いまくるわ。

父　ざっと整理すると、この4社の株価は過去10年で少なくとも8倍になったんだよ。さらに面白いのはこれらの株価が上がると多くの人が予測していて、実際にその通りになった珍しい例なんだよ。

まとめ

- GAFAMの時価総額が大きいのは、**損益分岐点が低く、利益率の高い商品を世界中に販売することに成功**し、かつ**この先も利益を増やすと市場参加者に期待**されているから。
- 過去10年のGAFAMの株価上昇率（概算）は次の通り。
アップル：12倍／マイクロソフト：12倍／アマゾン：16倍／グーグル：5・5倍／フェイスブック：10倍

03 日本株も負けてないぞ

■日本株も大きく上がっている会社はある

父　いま、GAFAMの株価を見ていたけれども、日本にも大化けした株はたくさんあるんだよ。今度はまた「日経会社情報DIGITAL」のサイトに戻ろう。例えばトヨタ自動車。10年間で2倍になっている。日本で一番時価総額が大きな会社だけれども、10年間で利益をきちんと増やしてきたんだね。

梅三　任天堂とかはどう？

父　そうだね、見てみよう。

竹二　うわ、すごい。10年前は2万円くらいだから、ざっと2・7倍か。

父　10年前はスマホに市場を奪われていると指摘されていたんだけども、ヒット

図表8　トヨタ自動車と任天堂の株価チャート（10年）

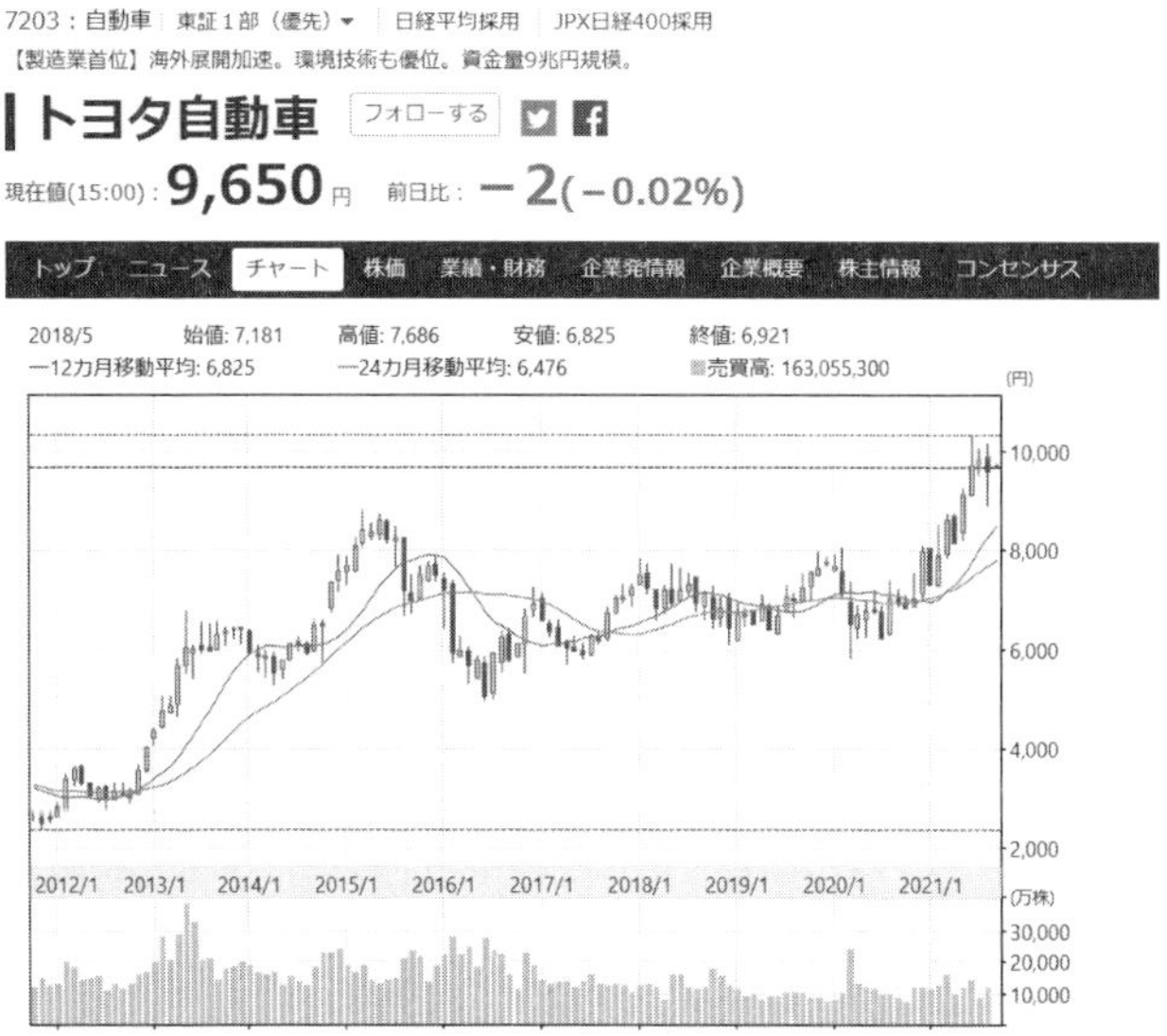
7203：自動車　東証１部（優先）　日経平均採用　JPX日経400採用
【製造業首位】海外展開加速。環境技術も優位。資金量9兆円規模。
トヨタ自動車
フォローする
現在値(15:00)：9,650円　前日比：－2(－0.02%)
トップ　ニュース　チャート　株価　業績・財務　企業発情報　企業概要　株主情報　コンセンサス
2018/5　始値: 7,181　高値: 7,686　安値: 6,825　終値: 6,921
―12カ月移動平均: 6,825　―24カ月移動平均: 6,476　売買高: 163,055,300
(円)
10,000
8,000
6,000
4,000
2,000
2012/1　2013/1　2014/1　2015/1　2016/1　2017/1　2018/1　2019/1　2020/1　2021/1
(万株)
30,000
20,000
10,000

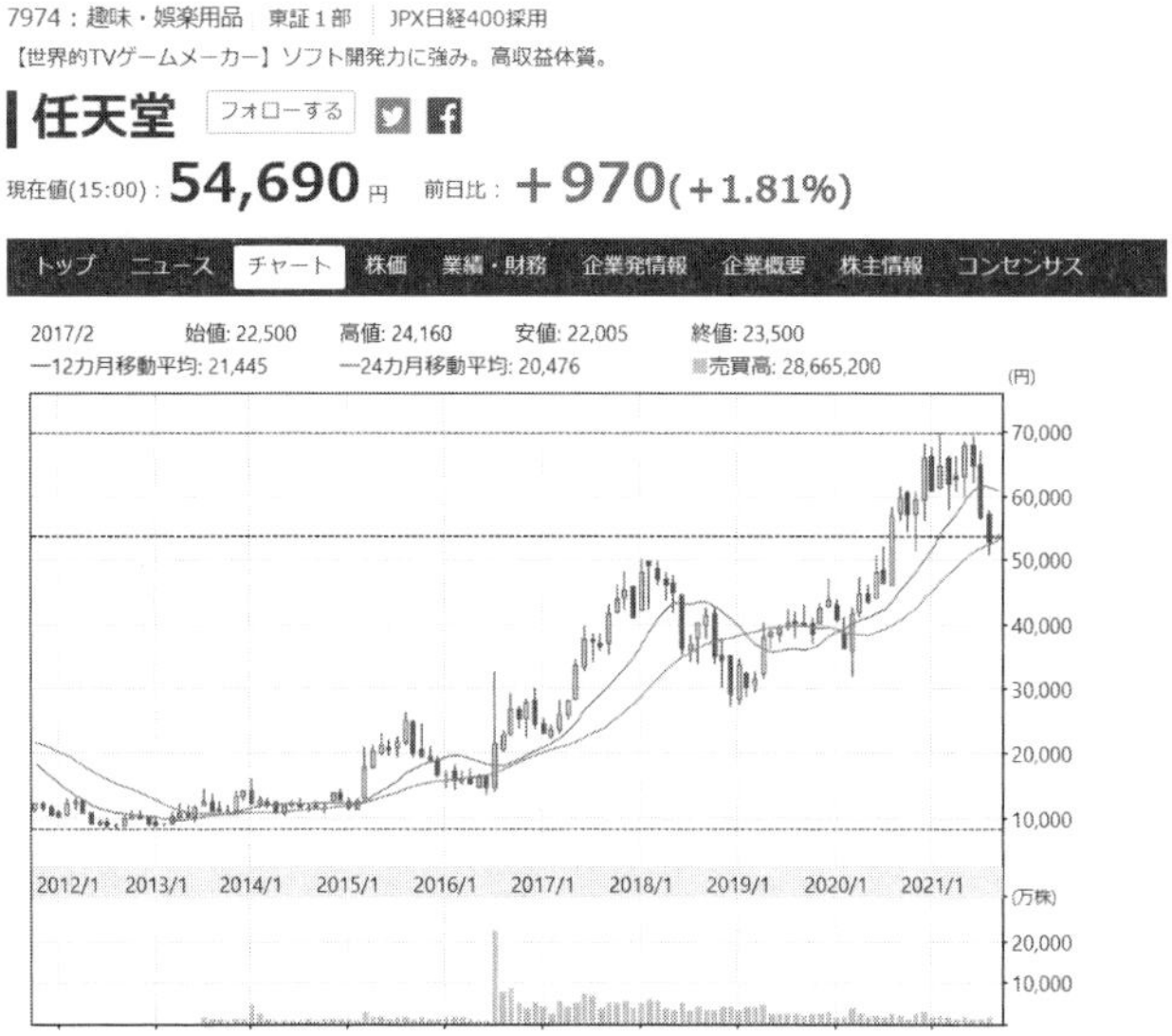
7974：趣味・娯楽用品　東証１部　JPX日経400採用
【世界的TVゲームメーカー】ソフト開発力に強み。高収益体質。
任天堂
フォローする
現在値(15:00)：54,690円　前日比：＋970(＋1.81%)
トップ　ニュース　チャート　株価　業績・財務　企業発情報　企業概要　株主情報　コンセンサス
2017/2　始値: 22,500　高値: 24,160　安値: 22,005　終値: 23,500
―12カ月移動平均: 21,445　―24カ月移動平均: 20,476　売買高: 28,665,200
(円)
70,000
60,000
50,000
40,000
30,000
20,000
10,000
2012/1　2013/1　2014/1　2015/1　2016/1　2017/1　2018/1　2019/1　2020/1　2021/1
(万株)
20,000
10,000

出所：「日経会社情報DIGITAL」2021年9月2日データ

商品をどんどん出して、しっかり利益を増やしてきたってことだ。

梅三 あと、前澤さんのZOZOも気になる。

父 じゃあ検策してみよう。[※8] ZOZOもしっかり伸びてるね。10年前は450円前後だったから、9倍以上になってるよ。

梅三 そりゃ前澤さんも大金持ちになるわけだ。

父 ちなみにZOZOは19年11月にヤフーの親会社の子会社になったよ。[※9]

梅三 前澤さんは株をヤフーに全部売っちゃったのかな。

父 それも調べることができるよ。

竹二 ええ、そうなの？ 誰が株をいくら持ってるって、公開されてるの⁉

父 いや、すべての情報じゃないよ。大口の株主の情報だけ。メニューの「株主情報」をクリックすると出てくる。これによると、前澤さんはまだ13・33%持っている、とあるね（2021年3月時点 株主情報は有料会員のみ公開）。

竹二 あ、ホントだ！

父 13・33%っていくら？

梅三 えーっと、どうやって計算するんだっけ？

※8 会社名を入れて検索してみよう。

第2講※7

※9 会社名はZホールディングス。元々は1996年1月にヤフー株式会社として設立された企業であるが、2019年10月1日をもって会社分割により持株会社に移行し、法人名を変更した。

父 忘れちゃったかな。時価総額に13・33%を掛ければいい。あと、この表にある持ち株数にいまの株価を掛けることでも計算できるよ。

梅三 あ、そうか。4210円の株を4155万4900株持ってるから……。

父 4・2×40に、カンマを三つ付ければ大体の数字は計算できる。

梅三 168にカンマが三つで10億だから……、1680億か!

竹二 そりゃ月にも行けるってわけだね。

父 そう簡単に言うけどね。ものすごく頑張ったはずだよ。ゼロからオンラインの洋服販売店始めて、東証マザーズ[※10]に上場したのは07年。その時点で60億円の売上になっていた。ゼロから売上60億円まで育てるのは並大抵のことじゃないよ。上場してからもどんどん拡大して、前澤さんが引退する19年には売上1200億にまで成長させたからね。君らには彼がいまどんだけお金を持ってるとかいうことよりも、ゼロから売上1200億にまでする過程に興味を持ってもらいたいと思うよ。

■過去12年で300倍の銘柄もある

父 いまトヨタ、任天堂、ZOZOなんかの株価の推移を見てきて、皆上がって

※10 東京証券取引所が開設する新興企業向けの株式市場である。2020年7月31日現在、326社が上場している。

ることがわかったと思う。でも伸びてる株はこれらの株やＧＡＦＡＭだけじゃないんだ。さてここで問題。08年にリーマン・ブラザーズの破綻が引き金になって金融危機が起こり、世界中の株価が大きく下がった。その時点から数えて12年後、つまり20年に日本の証券市場で一番伸びた銘柄の株価は何倍になったか？

竹二　その会社の名前俺らでも知ってる？

父　たぶん知らないな。でも質問は会社の名前じゃなくて、株価が何倍になったかということ。

梅三　流れで行くと、ＺＯＺＯの９倍が最高？

父　いや、違う。それにＺＯＺＯは父さんが言い出したわけじゃないし。

竹二　10倍？

父　いや、もっと大きい。答えは３０３倍。

竹二　えー！

父　20年のデータだと、08年から遡って株価が１００倍になった会社は33社（図表９）、10倍以上で見るとなんと８３９社もある。

竹二　そんなにあるんだ。

図表9　100倍以上に上昇した銘柄

銘柄名（コード）	上昇率(倍)	追い風にした主なトレンド
朝日インテック（7747）	303.3	医療関連・バイオブーム
日創プロニティ（3440）	296.5	太陽光発電の普及
UTグループ（2146）	289.1	アウトソーシングの拡大
そーせいグループ（4565）	287.7	医療関連・バイオブーム
日本商業開発（3252）	270.8	ショッピングモールの増加
北の達人コーポレーション（2930）	257.0	健康ブーム
Jトラスト（8508）	253.4	消費者金融の代替
ジーエヌアイグループ（2160）	234.6	医療関連・バイオブーム
ガンホー・オンライン・エンターテイメント（3765）	216.3	スマートフォンの普及
エスプール（2471）	204.7	アウトソーシングの拡大
ジンズホールディングス（3046）	204.1	デフレ下の価格破壊
ジェイエイシーリクルートメント（2124）	197.9	アウトソーシングの拡大
ホロン（7748）	186.4	スマートフォンの普及
セリア（2782）	175.1	デフレ下の価格破壊
ビーネックスグループ（2154）	157.8	アウトソーシングの拡大
ペッパーフードサービス（3053）	151.9	健康ブーム
ナノキャリア（4571）	151.6	医療関連・バイオブーム
MonotaRO（3064）	150.9	電子商取引の普及
アウトソーシング（2427）	149.8	アウトソーシングの拡大
FRONTEO（2158）	140.7	AIの台頭
クルーズ（2138）	139.2	スマートフォンの普及
アドウェイズ（2489）	130.7	ネット広告の台頭
リミックスポイント（3825）	127.1	太陽光発電の普及、仮想通貨
クリエイト・レストランツ・ホールディングス（3387）	126.9	デフレ下の価格破壊
nmsホールディングス（2162）	125.3	アウトソーシングの拡大
メンバーズ（2130）	120.4	ネット広告の台頭
レーザーテック（6920）	120.2	スマートフォンの普及
コシダカホールディングス（2157）	120.0	カラオケブーム
GMOペイメントゲートウェイ（3769）	116.4	キャッシュレス決済の拡大
エムティジェネックス（9820）	114.9	メンテナンス需要の拡大
ディップ（2379）	112.5	アウトソーシングの拡大
アイサンテクノロジー（4667）	111.6	自然災害の頻発・被害拡大
日本ライフライン（7575）	104.3	医療関連・バイオブーム

出所：日経電子版2020年8月4日「日本株の5つに1つが10倍高　実はリーマン以降に達成 日の丸テンバガー大研究（上）」

父　株価が303倍になった会社は「朝日インテック」。

竹二　ガンホーとかもあるね。216倍か！

父　一時期この会社は飛ぶ鳥を落とす勢いだったんだよ。

梅三　ペッパーフードサービスって、あのペッパーランチの会社？

父　そう。ここも約150倍に伸びたね。株価が大きく上昇する会社は比較的小さな会社が中心だ。12年で10倍になった銘柄の最安値を見てみると、約3／4の会社が時価総額50億円未満だ。上場していても小規模な会社は急に儲からなくなったりすることがあるから、リスクが大きい銘柄だと言える。魅力的ではあるけれど、どこかで成長が頭打ちになっちゃうこともしょっちゅうあるんだよ。

竹二　でもさ、一番安いところで買って一番高いところで売れば儲かるんでしょ。

父　理屈上はそうだけど、それは現実には無理だね。**「頭と尻尾はくれてやれ」という投資の格言があるくらい、最安値を拾って最高値で売るのは難しい**。毎日株とにらめっこしているトレーダーの人の中にはできる人もいるかもしれないけれど。父さんみたいに日々仕事があったり、君らみたいに学校に行って勉強と部活をやるような普通の人にはそれは非現実的だね。ただし、これら会社をよく知っていて彼らが出している事業計画を評価できるほどの能力があるなら話は別だけどね。

まとめ

- 過去10年で日本株も大きく上昇した。例えばトヨタは2倍、任天堂は2・7倍、ZOZOは9倍になった。
- 中小株の中には08年から20年の12年間で株価が10倍に届いた会社は839社あり、最も伸びた会社は最大で303倍になった。
- ただ、変動幅の大きな株は、リスクの大きい銘柄でもある。過去を振り返ると最安値を拾って最高値で売れば、と思えるが「頭と尻尾はくれてやれ」という投資の格言を肝に銘じるべし。
- また変動幅の大きな小型株はすぐに成長が頭打ちになりがちなので、その会社の情報を近いところで取れるか、または専業トレーダーでなければ、手を出さない方が無難。

04 株式市場は過去に興味がない

■父さんが買っておけばよかったあの2銘柄

父　前回話したように、**あらゆるビジネスはどっかで成長が頭打ちになる。永遠に成長し続けるビジネスは理屈上存在しない**。

竹二　社長に寿命があるから？

父　社長の生物的な寿命はもちろんあるよ。それ以外にも、意欲的寿命や能力的寿命もある。特に創業社長はちょっと儲かっただけで満足しちゃう人がいる。満足しちゃうと成長が止まる。あとは動かすお金が大きくなりすぎると怖くなってきて、急に保守的になっちゃったりとかね。こんなふうに社長の資質や性格による部分もあるんだけど、永遠に拡大し続けることは物理的にできない。

極端な話をすると、**すべての日本国民がユニクロしか着なくなったら、その時点でユニクロは国内の洋服を売るビジネスではそれ以上成長できない**。

竹二 それはさすがにありえないでしょ。

父 現実にはありえないけど、理屈上はそうなる。さすがに日本国民全員ユニクロを着る状況は極端だとしても、それに近い状況はありうる。そうなると、次は海外に展開していくとか、洋服以外の事業を始めるとか、新しい市場を開拓していって、会社としての利益成長を追い求めているのがユニクロというか、ファーストリテイリングという会社なんだ。だけど、「ユニクロ」ブランド一つで、「国内」だけでやっているうちは必ずどこかで成長は頭打ちになるんだよ。

竹二 それって、近所にある学校の制服とか売ってる店みたいなこと?

父 そう。いい例ね。扱っている学校の生徒数で売上の上限が決まっちゃう。

梅三 そういう会社の株は上がらない、と。

父 そう、上がらない。ただしそれ以上成長しない会社でも、利益率が高ければ配当を出すことができるから、配当狙いでその株をずっと持っているという投資戦略もある。さて、この話から、買った株をいつ売るべきかという話に移っていきたいと思う。それにあたって、父さんが買っておけばよかったと後悔している銘柄二つを紹介する。まあ、他にもたくさんそういう銘柄あるんだけど、マジで自分の先見の明のなさに腹が立ってるのがこの2社。

竹二　どこ?

父　一つはニトリ。もう一つはアークランドサービスホールディングス。

竹二　アークランド何とかって?

父　俺らがしょっちゅう行ってる「かつや」を運営している会社。

梅三　かつやか!　うまいよね、カツ丼。

父　まずニトリから。過去10年の株価推移を見てみよう。

梅三　おお!　これ、何倍になってるの?

竹二　いまが2万円くらいでしょ。10年前は、2012年末の終値が3165円。ってことは……。

梅三　7倍弱だね。

父　いまニトリの店は日本全国どこに行ってもあるし、都内にもたくさんある。テレビでもしょっちゅう特集が組まれるほど、株式市場にも我々庶民にも人気企

図表10 ニトリホールディングス株価チャート（10年）

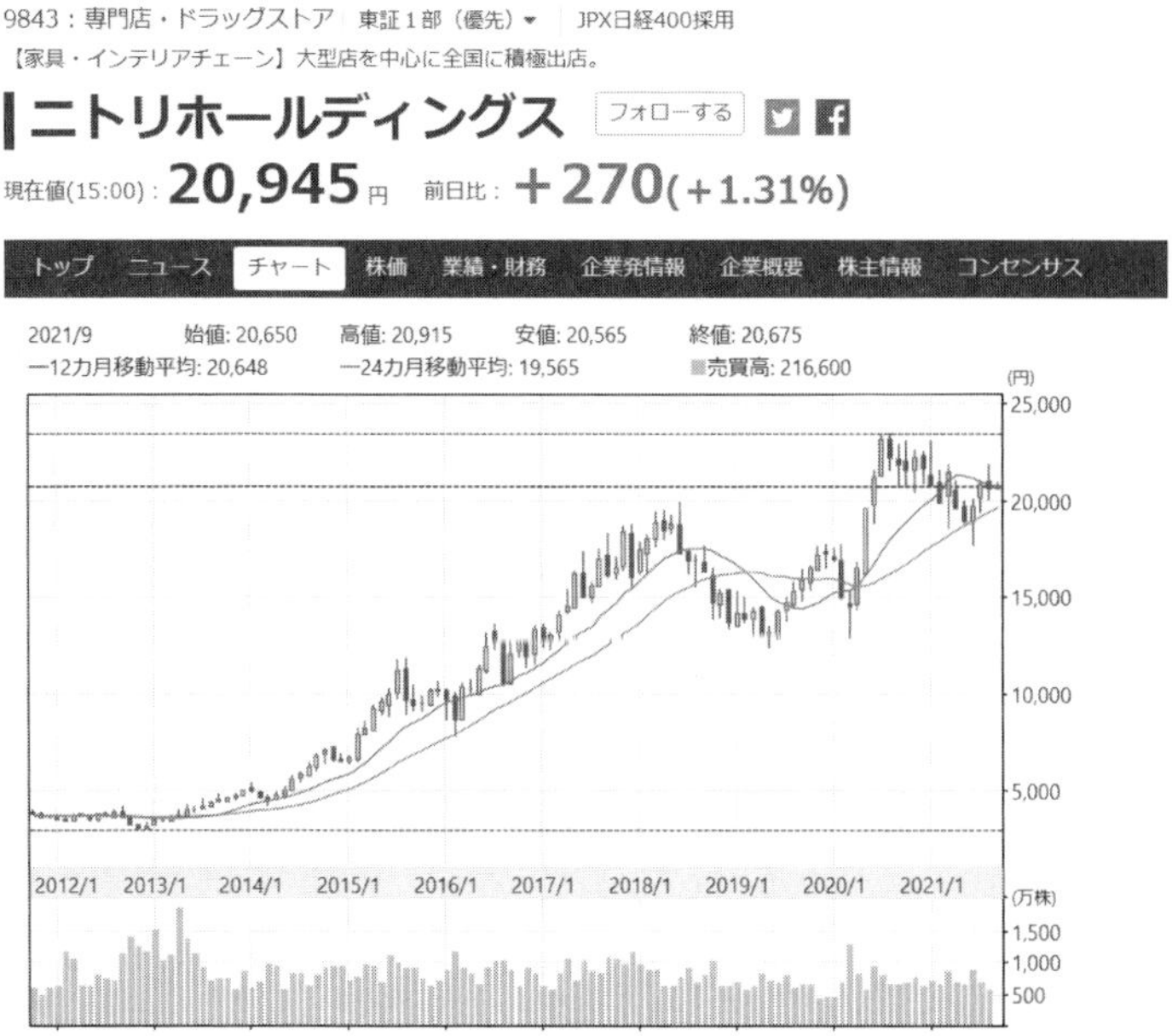

出所：「日経会社情報DIGITAL」2021年9月2日データ

業。10年前って言うと竹二が7歳で梅三が5歳の頃。その頃から既にニトリの店はたくさんあって、いいなと思ってたんだけど、株は買わなかった。

竹二　え、何でよ？

父　正直、ニトリのことをよく理解していなかった。だけどこの10年で店舗をさらに増やして、商品の新陳代謝を進めて、ラインナップを増やした。その結果お客さんが増えて、お客さんが買う商品が増えた。そして利益が増えた。何しろ34年連続増収増益だ。もちろん株価は上がった。

■いままで上がってきたからこれからも上がる……？

梅三　だったらいまからでも買えばいいじゃない。

父　それが今回のポイント。いまから買うとしたら、どういう理由で買うの？

梅三　これからも上がるから。

父　何でこれからも上がると思うの？

梅三　だってこれまでずっと上がってきたから。

父　それは典型的な株で失敗する人の発想。しつこいけど、株価は何で決まる？

竹二　その会社が将来生み出す利益予測。

父　そうだよね。だとすれば利益の予想をしないといけない。それにはこれから店が増えるか、商品が増えるか、客単価が増えるか、客数が増えるかを予想して、利益がいくらになるか、そうすると株価が何年後にいくらになるかが試算できる。そして、その株価になるはずだと考えて株を買うのが、教科書的なやり方。

竹二　何か、難しそう。

父　確かに難しい。厳密にやろうとすれば専門的な知識がいるし、情報も必要だからね。手法の話は後でするとして、とにかく株の売り買いは、いま2万円だとか、この前1万円だったというのはあんまり関係ないんだ。「この株価になるはずだ」という予測から見て高いか安いかを判断しないといけない。株式市場は将来しか見てないんだよ。過去は関係ない。チャートで表現されているのは既に終わったことだということ。これはこの先の株価には何も関係ないということを覚えておいてほしいね。

　さてもう一つ、かつやをやってるアークランドサービスホールディングスを見てみよう。この会社が上場したのは07年8月30日のこと。公開価格20万円で売り出した。その後の株式分割が行われて、10年前の調整後株価は170円だった。

梅三　いま2267円だから……ってことは13倍か!

父　かつやは俺好きで近所にあったから昔からよく行ってたんだよね。ある時から ゴルフ場に行く帰り道なんかにぽつぽつでき始めて、店増やしてるなって感じてたんだよ。そうしたら上場するっていうニュースが出た。

■カツ丼が教えてくれること

竹二　でも買わなかったんだよね。

父　かつやで食べるのは好きだけど、こんな商売が伸びるとは思えなかった。カツ丼490円の会社がそんなに儲かるとは思えなかった。帰るときに必ず100円引きの券をくれるから、リピートすれば実質390円プラス消費税でしょ。そうしたら牛丼チェーンと値段は同じ。でも牛丼よりカツ丼作る方が明らかに手間がかかるし、お客の滞在時間もカツ丼店の方が長い。だから利益率は牛丼チェーン以下のはずで、そんなに儲からないし、店も増やせないだろうって思った。

梅三　あの大根の漬物おいしいよね。皆で行くと壺が空っぽになるくらい食べちゃ

図表11 アークランドサービスホールディングス株価チャート（10年）

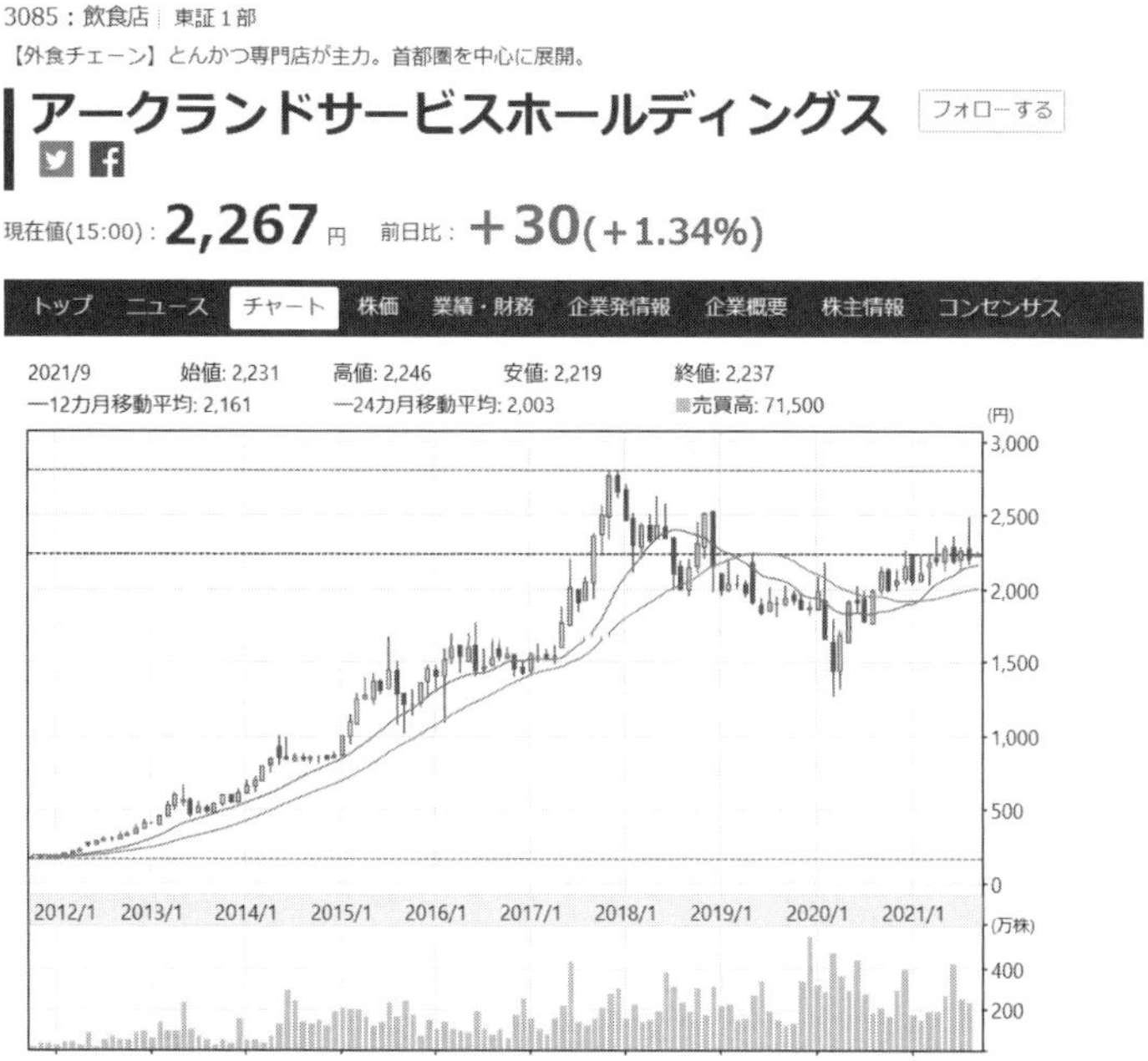

出所：「日経会社情報DIGITAL」2021年9月2日データ

うもんね。あれもタダでしょ。

父　そうなんだ。最初は父さん以外の人も懐疑的だったと思うよ。だって新規上場したときの公開価格[※11]は20万円だったけど、初値[※12]はそれ以下の19万円だったから。公開時の時価総額は50億円と、目立たない中小企業レベルで特に期待できなかった。ところが地道に店を増やして、新商品どんどん出して客単価を上げて、コツコツ成長していった結果がこれだ。過去10年で13倍。俺は本当に後悔している。全くもって先見の明がなさすぎる。

竹二　そうか、俺はかつや行ってもそういう目でお店を見たことなかったな。

父　株を始めると、そういう点で物事を見られるから、視野が広がるよ。そうやって**物事を見ながら、自分の予測と結果を突き合わせる経験を積み重ねていくと、どんどん見る目が養われる。先の話だけど就職先選びにも間違いなく役立つ**よ。

竹二　で、かつやの株は買った方がいいの？

父　そう、ここからが本題ね。かつやの株を買うかどうかは、かつやがこの先どうなるかを予測しなければならない。例えば客はこの先も増えるのか。

梅三　お客を増やすには店を大きくすればいいの？

※11　新規上場時に既存の株主が持っていた株式を、不特定の株主が入手できるように新しく売り出す価格のこと。

※12　新規上場した銘柄の、最初に売買が成立した値段のこと。

父　必ずしもそうとは言えない。店を増やすことと、店の面積を広くするのとは違う。飲食店ってのはピーク時間以外は客がいない。混む時間帯は決まってる。むしろ混んでいない時間帯の方が長いくらいだ。それなのに店を大きくすると固定費が上がる。経営効率を考えると店は小さくしておいてピーク時間帯は並ばせればいいという考え方もある。

梅三　なるほど。ってことは店を増やさなくちゃいけないのか。

父　そう。いま何店舗あって、仮に日本だけでやるとしたときに、あと何店舗出せそうかという予測をする。その予測は自分でゼロからやる必要はなくて、会社が発表している計画をチェックする。そして本当にそれが実現できるのかを自分の頭で考えるんだ。

梅三　どうすればわかる?

父　仮にかつやが3000店舗を目指すと言ったとする。そのために年間何店舗新規に出店しなきゃならないかが事業計画書に書かれているはずだ。まずそれを見る。

竹二　それを見て事例を調べればいい?

父　いいこと言ったね。それをいままで達成した会社があるのかをチェックする。ではかつやと似たような業態は何か？

竹二　吉野家、てんや、ペッパーランチ。丸亀とか。

父　そうそう。こういう会社の店舗数を調べればいい。3000店舗やってるところがあるなら、それは現実的な目標と考えることができる。そうでなければ、前人未踏の領域ということで、大言壮語、夢物語の可能性がある。ならばいいとこ2000店舗じゃないかと仮の数字を立ててみる。そうすれば利益が試算できる。

■買うタイミング、売るタイミングの見極め方

竹二　利益の試算は、どうやって？

父　例えばいま５００店舗だったとして、それが２０００店舗になるってことは4倍。となると利益は4倍とざっくり試算できる。すると株価も4倍になると考える。それが目標株価。

竹二　だから、この株価になるはずだけど、それに比べたらいまは安い。だから買うと判断するってことだね。

父　ご名答。じゃ、逆にいつ売る？

竹二　目標株価に達したら。２０００店舗という予測に達したら売る。

父　そう。一つ付け加えると、２０００店舗に達した時点で出された新しい予測も考慮しないといけないけれどね。もう一つの売り時は？

梅三　下がりすぎた時？

父　近いけど遠い。それ以上に、負けの典型的なパターン。２０００店舗になることは確実だと思うけど、何らかの理由で起こった株式市場のクラッシュで株価がドタ下がりしたときはむしろ買い時だ。そういう時は買い増すんだ。

竹二　予測が間違ってたとわかった時。

父　具体的には？

竹二　どう考えても2000店舗はいかないということが判明したとき。

父　正解。あとは計画よりも客数、客単価が上がらずに利益率が下がって、かつそれが改善しそうにないと考えた時。その時点で見込み違いと判断してあっさり売る。いくらで買ったかは関係なく、その時の株価とも関係なく、儲かっていようが、損していようが売る。だってもう上がらないと判断したから。

梅二　わかってきた気がする。

父　目標株価の計算は厳密にやると難しいんだけれど、かつやみたいなシンプルな商売は、店のフォーマットが決まってて、メニューも値段も決まってる。一店舗あたりの売上と利益のモデルが作りやすい。それを店の数だけ掛け算すればいい。それで計算するといまの株価は安いのか、高いのかを計算できる。厳密な計算をしなくても、幅をもって試算すれば十分現実に対処できる。

■身近な商売の株価をチェックする

父　もう少し他のビジネスも見てみようか。身近で興味ある商売何か思いつく？

梅二　セリア。

父　うん、面白いね。ここは上場してるよ。

梅三　10年間全体では上がってるけど、最近はちょっと下がってる（図表12）。

父　そうだね。いま4125円で、ピークは7400円くらいだね。12年の初めが430円だったから、全体として見れば10倍程度にはなってる。

竹二　ピークのところを見れば17倍くらいか。すごいなぁ。セリアみたいな100円ショップに投資してもこんなに儲かるんだ。

父　そうなんだ。身近に宝の山はたくさん転がってるんだよ。このピークの部分なんだけど、おそらくいったん業績が頭打ちになったんじゃないかなと思う。

竹二　店舗数が増えなくなったとか、お客が減ったとか、そういうこと？

父　たぶんね。過去の業績を調べていけば原因はわかると思うけどね。これは想像だけど、いまあるほとんどのショッピングモールにセリアは入っちゃったんじゃないかな。日本にショッピングモールが仮に3000店あるとして、そのうちセリアが入ってるのが100店だとすれば、出店余地はある。でも競合のダイソーとかも含めるとおそらく全部のショッピングモールに何かしらの100円ショップが入っちゃってるんだと思う。そんで新たに開発されるショッピングモールの数もそれ

図表12　セリア株価チャート（10年）

出所：「日経会社情報DIGITAL」2021年9月2日データ

ほど増えなければ、セリアの店は増えない、と考えられるだろうね。他には？

梅三 丸亀製麺。

父 これも面白い。丸亀製麺は上場企業のトリドールホールディングスという会社が運営してる。

梅三 これも上がってるね（図表13）。

父 そうだね。10年前は360円だったから、6倍以上になってるね。ちなみに、この会社の株価を見るときに知っておかなきゃならないのは、丸亀製麺以外にいろんな飲食店をやってるってこと。[※13]ホームページを見てみよう。

梅三 ホントだ、すげぇいっぱいある。全部で19あるね。

竹二 でも知ってる店はほとんどないな。「長田本庄軒」の焼きそばくらい。

父 そう。トリドールの丸亀製麺の売上は6割くらい。多いと言えば多いけど、これだけをやっている会社じゃないってことは言える。だから丸亀製麺だけを見てもこの会社のことはわからない。

梅三 なるほど。

父 ちなみにアークランドサービスも「かつや」以外に鶏のから揚げの「からや

※13 トリドールホールディングスのホームページ。

第2講※10

図表13　トリドールホールディングス株価チャート（10年）

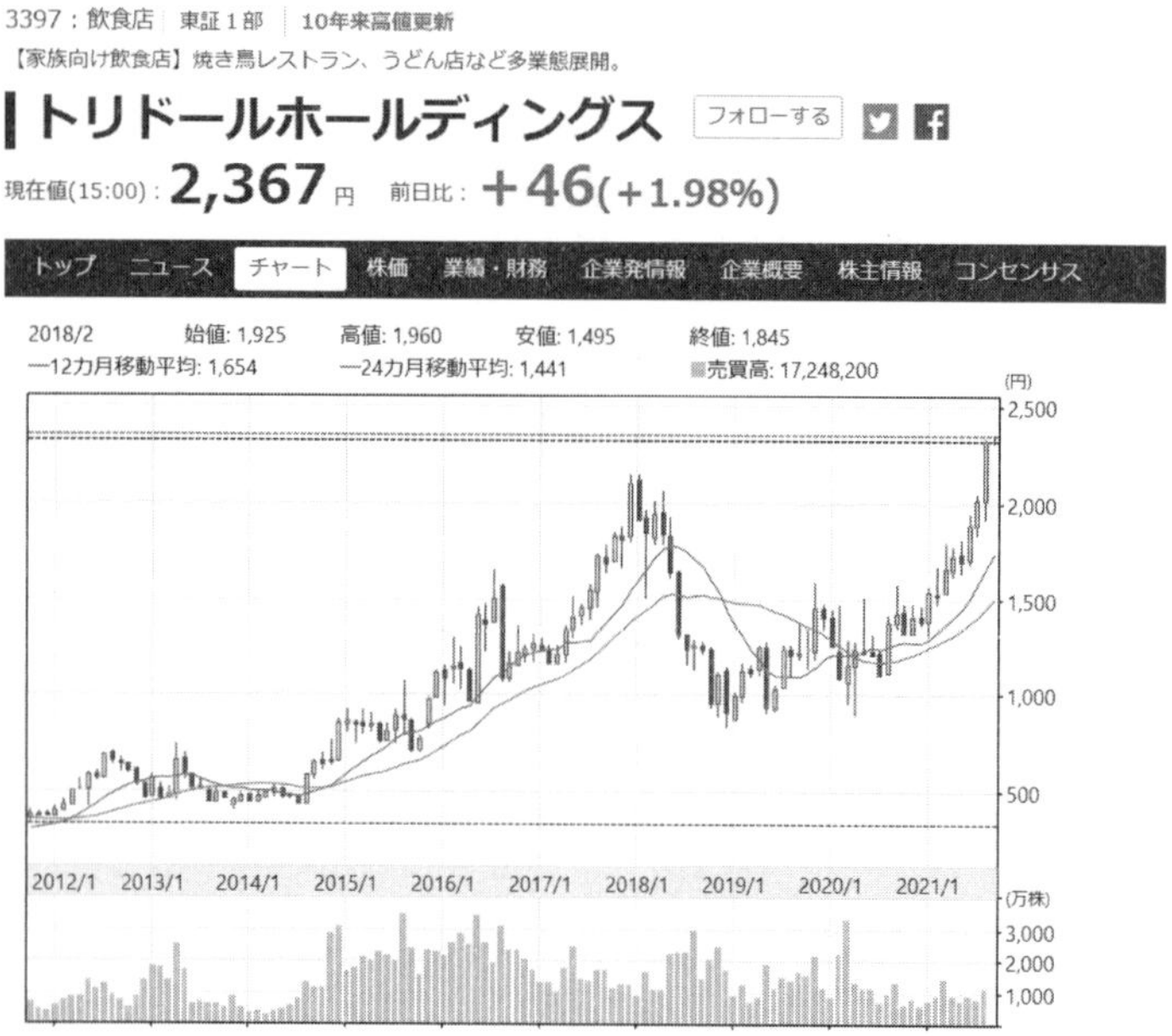

出所：「日経会社情報DIGITAL」2021年9月2日データ

ま」とか、タイ料理の「マンゴツリー」などの業態もあるんだ。以前は100%「かつや」だったけど、いまは「かつや」以外の業態が店舗数ベースで3割くらいあるから、この会社も「かつや」だけを見て全体を語るにはちょっと無理があるのは、トリドールと同じだね。

竹二 よく行く店がたくさん出てきたりど、そういう視点で見たことなかったわ。

父 世の中のほとんどの人はそうだよ。ただ買い物や飲み食いをしてるだけ。だけどこれまでの話はそれほど難解ではないよな? 要はどれくらい利益が伸びそうかという掛け算をしているだけだから。

梅三 まあ、そうだね。

父 この店儲かってそうだなとか、新しい商品がたくさんあって楽しそうだな、っていう気持ちに、今回話した観点を加えれば、きっと株式投資で成功する。**ニトリ、丸亀、セリアが好きな人は、お金持ちになれる可能性がある**。つまり**誰でもお金持ちになれる可能性がある**ってことだ。

梅三 俺もなれるってことだよね。

父 そう。さらに勇気と忍耐力を持てればね。では今日はこれくらいにしておこう。さて、今日は宿題があります。

梅三　えー。

父　今日の最初にアメリカ市場の時価総額ランキングを見て、アップルがトップにあることがわかったよね。なぜアップルが時価総額ナンバーワンであるか。簡単にA4で1枚にまとめてください。

竹二　難しいなぁ。

父　先にヒントを出そう。時価総額が高いというのは利益が大きいということ。ではなぜ利益が大きく、これからも伸びそうだと思われているのか。いまアップルは何で稼いでいて、これから何で稼ごうとしているのかを調べればいいんだよ。

竹二　それならネットにいろいろ載ってそう。

父　たくさん出てると思うよ。これは調べ学習だから、やり方は任せます。では次回。

まとめ

■ 株式市場は過去を見ていない。**株価に影響を与えるのは将来予測**のみ。

■過去に株価が上昇を続けてきた銘柄を見つけたとき、**過去に上がり続けてきたという理由で買ってはいけない。その会社の利益がこれからも伸びるという確信を持ったうえで手を出さなければならない。**

■その会社の利益予想をチェックするには、**会社のＩＲ資料や証券会社が提供するアナリストレポートなどがある。**

■身近な店がどのような会社なのか、株式市場でどのように評価されているかを見ることから、株の勉強を始めるとよい。

COLUMN

大学選びは何を基準にするべき？

君らが小さいころから伝えてることなんだけども、やりたいことがあって、いまの時点でそれなりの実績を持っているなら、大学なんて行く必要はない。例えばプロフゴルファーの石川遼ね。高校1年生の時にプロツアーに優勝した後、実績のある先輩は口を揃えて「すぐプロの世界に来い」と発言していた。真剣勝負の試合で揉まれた方がより早くより強くなれるというのがその理由だった。彼はその翌年にプロ転向を決断し高校3年生の時には年間4勝を挙げて史上最年少賞金王を獲った。最近の例だと、将棋の藤井聡太は高校すら中退して棋士の道に注力することを選んだ。もし君らがそのような状況にあるなら、受験勉強などせずに適切なタイミングでプロの世界に入る方がいい。学歴は勝ち負けには何の役にも立たないからね。

大学を出ないと制度的に就けない職業というのは、実は医師、歯科医師、獣医師、薬剤師くらいしかないんだ。難関資格と言われる弁護士、公認会計士、税理士

の受験だって大学卒業がマストじゃない。

安定した仕事に就くには大卒の資格があった方がいいという意見を耳にしたことがあると思う。でも必ずしも正しくない。安定した仕事の代表は公務員だけど、高卒で応募できる公務員の仕事は、警察官、消防士、自衛官をはじめ、一般行政事務から学校事務まで、たくさんある。大卒と高卒とでは仕事内容は異なるし、高卒だと出世にも限界があるけれど、大学受験を考えるほどの学力がある学生が単純に公務員になることだけを考えれば、高卒の方がむしろ合格しやすいとも言える。

大企業だって業種を限ればむしろ高卒の方が入りやすかったりする。例えばある程度の進学校にいる高校生がトヨタ自動車で働きたいと思ったら、十分に可能性はある。しかしその子がランクの低い大学にしか入れなければ、大卒でトヨタに入社できる可能性はほぼゼロだ。トヨタに限らずここ何十年かで大学進学率が上がったから、製造業やサービス業で現場に携わる高卒社員を採用するのが難しくなっている。だから低ランクの大学からは入りにくい大企業も、高卒なら入社できる。

大学に入れる学力はあるけど勉強が好きじゃなくて、経済的に早く自立したいと本気で考えるのであれば、公務員試験を受けるか、一部上場企業に高卒枠で応募すれば、安定した仕事に就くことができる。出世の道は限られるかもしれないけれど、生涯賃金は、ランクの低い大学に行って給料の安い会社に入るより間違いなく高くなる。少なくとも安定という観点で見れば比較にならない。それに高卒で就職したあと、やっぱり大学に行きたいとなれば、それから受験勉強を始めればいい。

じゃあ、何で大学に行くのか？

それは自己実現の手段の一つだと思う。平たく言えば「カッコイイ自分」を作るため。カッコイイ自分が実現できれば自信が持てるから、いろんなことに前向きにチャレンジできる。「やりたいことは何ですか」と大人から質問を受けることがあるでしょ。父さんは、中高生の時点でやりたいことがある人なんて少ないと思う。もちろんゲームしたいとか、旅をしたいとか、そういう「やりたいたいこと」はあると思うんだけど、追求したい学問や就きたい職業なんてむしろない方が普通だよ。

というわけで大学でしか学べない学問を究めたい、または大卒が要件となっている仕事に就きたい人以外は、そこの学生である自分がカッコいいと思える大学を選ぶのが良いと思うよ。やりたいことはそこで見つければいい。無駄かもしれない。でも大学が無駄かどうかは、大学に入学した人にしか語れないんだ。

第 3 講

株価情報をどう見るか

01 アップルは投資先であり製品を買う会社ではない（父さん説）

■アップル社はなぜ時価総額ナンバーワンなのか

父　前回出した宿題、アップルはなぜ時価総額世界一なのかをA４で１枚以内にまとめるってやつ。どう、やってきた？

竹二　やってきたよ。

梅三　俺も。

父　ＯＫ。では調べてきた内容を教えてください。まず梅三からよろしく。

梅三　じゃ、始めます。

アップルには圧倒的ブランド力があって、収益性が高い。

高くても買ってくれる人がいる。

iPhoneやMacなどのハードウェアだけじゃなく、アーケード、ニュース、アップルペイ、アップルTVなど、独自のアプリを開発して、さらにクラウドサービスも展開している。それらのサービス事業の利益率が、ハードウェア販売の利益率に比べて相対的に高い。

ハードウェアは、全てにおいて自社で製造するのではなく、多くのサプライヤーから部品を調達して、最終的につなげる工程の管理だけをやっている。つまりサプライチェーン[※1]を管理するサービスベンダーである。

高い収益性を背景とした株主還元の取り組み。13年にカール・アイカーン[※2]という投資家が、アップルにTOB[※3]を通じて自社株買いを行うように求めた。それをきっかけにアップルは株主還元を積極的に行って、手元資金の圧縮に取り組んだ。19年4月には総額750億ドルの自社株買い枠を追加したほか、四半期配当を5%引き上げることを発表した。自社株買いして株数が少なくなると、需要と供給が引き締まって、一株利益が上がるため、株価はその分値上がりする。13年から自社株買いを始めてから発行済み株式数は28%減ったが、時価総額は60%も増

※1 製品の原材料・部品の調達から、製造、在庫管理、配送、販売、消費までの全体の一連の流れのこと。

※2 投資先の経営陣に株主の視点からの改善を積極的に提案する「物言う株主」として知られるアメリカの投資家。

※3 Take Over Bid（株式公開買付）の略称。買収や経営の実権を握る目的で、上場企業の発行する株式を、通常の市場取引でなく、あらかじめ買い取る期間、株数、価格を提示して、市場外で一括して買い付けること。

えた。
以上から言えるのは、将来性を見越して投資してくれる人がいる。企業価値向上策がうまく行ったのではないか、ということ。

父　おお、よく調べてるね。いまの話をまとめるとポイントはいくつ？

梅三　三つかな。サービスの収益性が高い、ハードウェアはサプライチェーンの管理に徹している、株主還元の取り組みを行っている、この三つ。

父　いいね、よくできてるよ。

竹二　俺もおんなじサイト見たな、株主還元のところ。

父　まあそれはありうるよね。ネットだけから情報収集してるから。それ自体は全く問題ではないよ。じゃ、竹二、いってみよう。

竹二　はい。俺は最初に予想を立てた。アップルの時価総額が高い理由は、アップルミュージックやアップルペイなどの独自サービスの利益率が高いのではないか。もう一つはそうしたサービスを使うためには、消費者はアップルウォッチやMac、iPhoneなど、同じく独自ハードウェアを買うのがマスト。その相乗効果がある点。三つめはブランド。俺が使ってるファーウェイの2万円のスマホと比べるとiPhoneは値段がものすごく高い。でも、周りを見るとiPhone使ってる友達が多い。その理由はブランド。それで利益を増やしてる。四つめは新しいものがすぐに出てくる点。この四つが最初の予測。

父 なるほど。

竹二 ここからが調べたこと。

まず独自のサービスとブランドで高い値段をつけていること。それは予想通りだった。

アップルはサービスの利益率が高い。

さらにスマホの販売でも利益率が高い。世界のスマホ市場で、出荷台数でみると、サムスン、ファーウェイの順番。だけどスマホ市場の利益のシェアはアップルが66%、二位のサムスンは17%しかない。これが他社との大きな違い。ブランドを使って高い利益率を実現している。

もう一つは、新たな市場を常に作り出していること。マイクロソフトはウィンドウズにこだわってしまって、モバイル市場に参加するのが遅れた。アップルはモバイル製品を次々に出して、波に乗って成功した。
最後に株主対策。これは梅三と内容は同じだけど、正直理解できなかった。

父　いいレポートだね。二人とも大事なところはちゃんとカバーしているよ。じゃ、2点補足説明しよう。まず梅三のレポートで、アップルはサプライチェーンを管理するサービスベンダーである、とあったけど、これは意味わかる?

梅三　正直わからない。

父　そうだよね。これはビジネス経験がないとピンとこないかもね。要はアップルはハードウェアを売っているにもかかわらず、工場を持っていないということ。工場がなければ設備投資が要らないからリスクも固定費も減る。それらのリスクとコストは全部製造委託先に負わせる。これによって利益率が高まる。その一方で製品に関わるブランドや特許はがっちり押さえる。これで高価格を維持できる。これが一点目の意味ね。

梅三　アップルは工場を持ってないいんだね。でも端末を作れるんだ。

父 メーカーのように見えて工場を持っていない会社は結構ある。ビジネス界では「**ファブレス**」と呼ぶよ。ユニクロも自社工場は持っていない。全部委託先に作らせている。ユニクロは製品企画と販売しかしていない。ちなみにｉＰｈｏｎｅを作っているのは台湾の鴻海《ホンハイ》精密工業という会社。ソニーのプレイステーションや任天堂のＷｉｉも実はこの会社が作ってる。この会社は少し前シャープの大株主になった。

梅三 知らなかった！ すごいね。鴻海精密工業の株は買えるの？

父 買えるよ。台湾の証券市場に上場している。あとで調べてみて。

梅三 わかった。

父 もう一点、株主対策のところを説明しよう。最初の頃に説明した内容の繰り返しになるけど、時価総額１０００億円の会社があるとして、その会社が1億株発行している場合と、10億株発行している場合とでは、見かけの値段は違う。梅三、それぞれいくら？

梅三 １０００円と１００円。

父 そう、会社の株が高いか安いかを評価するには、時価総額を見なければならない。だからこの2社の時価総額は等価である。だけど現実には発行済み株式数を増減させることによって株価の動きが変わることがある。まず、自社株買いをすると、市場に流通する株式の量が減る。そうすると需要と供給のバランスがそれまでと変わって、一株当たりの値段が上がる。この需要と供給による価格への影響は経済学の初歩で習うことだけど、平たく言えばモノは余ると安くなって、足りないと高くなるということ。

梅三　それ当たり前と思うけど。

父　当たり前のことを難しく言うのが、時には学問だったりする。

竹二　アップルの場合は市場で出回る株式の量が減ったことによって、株価が上がった、ということ?

父　梅三の理屈を説明すると、そういうことになるね。ただしアップルの時価総額は1兆ドルを超えていて、供給が足りなくて値段が上がるようなことは考えにくいから、この需給バランスの話はまあ、株価が上がった理由としては、そんなにたいした影響は与えていないと父さんは思うけどね。ただ四半期配当を増やしたことは、株価に与える影響は大きかったと思うよ。

竹二　なるほど。

父　とにかく株式投資入門者のレポートとしては上出来でした。ところで、二人とも父さんのアンチ・アップルは知ってると思う。

竹二　アップル製品はうちの敷居を跨《また》がせないってよく言ってるよね。

父　これからその理由を話そうと思う。

■アップル製品はうちの敷居を跨がせない理由

父　さっき竹二がアップルのスマホ市場全体の利益のシェアは66％って言ってたけど、それはいつのデータ？

竹二　19年[※4]だったと思う。

父　以前はもっと利益のシェアが高かった。15年[※5]は92％だった。

竹二　ほとんど全部じゃん。

父　そうなんだ。当時は世界で1000社以上がスマホの本体を製造してたけど、利益を出していたのはアップルだけと言ってもいい状態だった。台数だけで見れば圧倒的にアンドロイドスマホの方が多いのにね。

※4 エンガジェット日本版「アップル、全世界スマホの総利益66％を独占。2位のサムスンは17％」（2019年12月20日）https://japanese.engadget.com/jp-2019-12-20-66-2-17.html

※5 ウォールストリートジャーナル「アップル、スマホ業界の利益シェア92％に拡大」（2015年7月13日）https://jp.wsj.com/articles/SB11495408658641713516104581104850235502930

梅三　儲け過ぎだよね。

父　そう。アップルは儲け過ぎ。そしてそれが父さんがアップル製品を買わない理由。企業としてのアップルはすごいよ。でもいち消費者の立場としては利幅があまりに大きい商品を買ってはいけない。**同じ結果が得られるのであれば、払うお金を最も少なく済ませるのが、賢い消費者であり、投資家だ。**

梅三　どういうこと？

父　例えばスマホで検索するとしよう。検索バーに文字を打ち込んで表示された結果をクリックしてブラウザで見る。これはどんなスマホを使っても同じ。他にも例えばアップルミュージックじゃないと聴けない音楽ってある？

竹二　ないと思う。YouTube、Spotify、アマゾンミュージックで聴ける。

父　ＬＩＮＥもインスタもメールも、アンドロイドのスマホでできるでしょ？

梅三　エアドロップ[※6]ができない。

竹二　写真を共有するという結果を得るのが目的なら、他の方法で送ればいい。

父　そう。ＰＣだって、マックフリークの友達に言わせると、Ｍａｃはウィンドウズアップデートみたいなのがないからストレスフリーだとか、ウイルスを心配し

※6 近くにいるｉＰｈｏｎｅユーザー同士で様々なデータの共有を簡単に行える機能。ＭａｃやｉＰａｄなどほかのアップル製品でも共有可能。

なくていいとか、画面がきれいだとかいろんなこと言うけど、父さんにとってはどうでもいい。ウィンドウズPCで書いてもMacで書いても原稿料は同じだし、書くスピードも同じ。そもそも書く時間より考えてる時間の方が圧倒的に長いしね。

梅三　アップル製品でしかできないことって、あるようでないのかな。

父　細かく言えばあるよ。登場当初のクラブハウス[※7]みたいにアップル製品でしか動かないアプリとか。でも目的を大きく捉えれば、基本的にはない。

竹二　でも周りはiPhoneユーザ多いんだよなぁ。

父　日本人は結構アップルの株価上昇に貢献しているよ。スマホ市場のiPhoneのシェアは日本が世界トップだ（図表14）。

竹二　えー！

梅三　ホントだ。アメリカより高い。

■なぜ日本人にiPhoneユーザーが多いのか

父　そうなんだ。世界全体で見ると71%とアンドロイド[※8]のシェアの方が多い。先進国ではiPhoneはそれなりにシェアがあるけれど、途上国はとても小さい。

※7 招待制の音声配信SNS。21年5月以降はアンドロイド版が開発された。また、同年7月からは招待制度を廃止し、誰でも使えるようになった。

※8 https://news.mynavi.jp/article/20210404-1863388/

図表14　アップルそれともアンドロイド？　スマホ市場のシェア

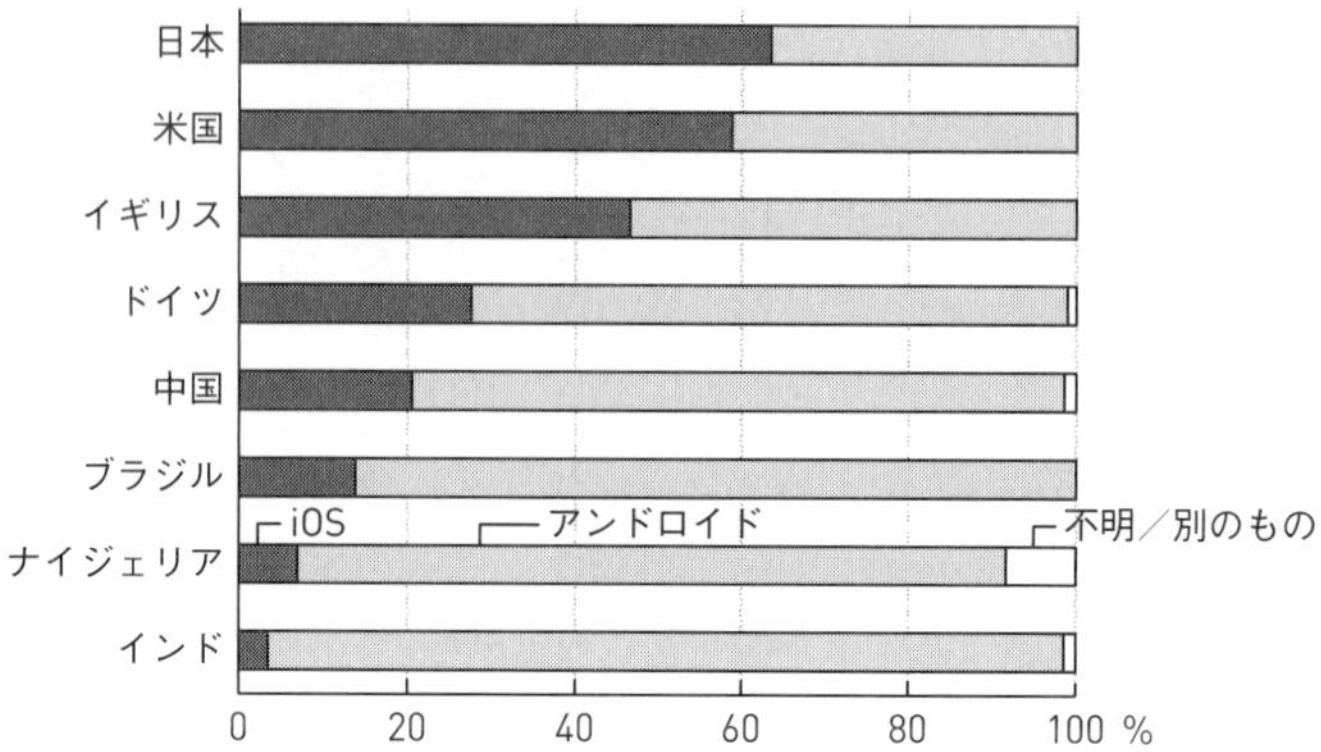

出所：https://www.statista.com/chart/22702/andoid-ios-market-share-selected-countries/　※2020年6月時点

竹二　だって値段が高いもんね。

梅三　やっぱ日本人は金持ちだってことかな。

父　うーん、確かに金持ちではあるけれど、iPhoneのシェアが高いのは他にも理由があると思う。父さんの考えでは、最初に日本に導入したソフトバンクがハードウェアの値段をはっきり示さずにたくさん売ったことが理由だと思うね。

竹二　どういうこと？

父　日本では長いこと、端末の販売を実質的に分割払いにして、通信料にまぶしていた。例えばiPhoneが7万2000円だとすると、それを例えば2年払いにすると1カ月当たり3000円になるよね。その3000円を月額の通信料金に含めるように見せるやり方をしていた。さらにいろんな割引を加えてアンドロイド端末を買うのとそれほど変わらなく見える価格設定をしていたんだよ。まあアンドロイド端末もソニーとかシャープの高価格帯の機種が中心だったから、当時は高かったんだけどね。ところが他の先進国では通信料と端末代金は明確に分かれていた。

梅三 だから日本はiPhoneが多いのか。

父 その影響は大きいと思うよ。ところが少し前に国がそのやり方を禁止した。つまり通信料と端末代金を分けて消費者に提示することを義務付けた。さらに最近ではアンドロイドもファーウェイとかの安い端末も売られようになって、消費者の選択肢が広がった。でも、使い慣れたサービスを変えるのはめんどくさいんだよね。だからそのままiPhoneを使い続けている人がまだ多いんじゃないかと思う。

竹二 じゃ今後は変わるかもしれないね。

父 そう思うよ。ちなみに父さんは10年以上前から安いSIMを使って、端末は端末で個別に買ってる。君らのＳＩＭと端末もそうなってる。

竹二　得られる結果は一緒だから？

父　その通り。だけどアップルの株は買う。父さんにとってはアップルは株を買う会社であって、製品やサービスを買う会社ではない。

竹二　その考え方、面白い！

父　でも正直に言うと父さんもアップル製品は持っている。一通り試してるよ。社会勉強としてね。だけどだいたいわかったらすぐに売っちゃう。ありがたいことに中古も高く売れるからね。

梅三　えー、俺に回してよ。

父　ダメ。自分で稼げるようになったら自分で買いなさい。アップルという会社は本当にすごいと思う。アップルには信者がいる。使い心地がいい、画面がきれい、質感がいいとか、いまやアップルらしさとは何かについて、お客が一番わかってるんだと思う。でも父さんは興味がない。高い車に乗っても安い車に乗っても、到着時間が変わらないのと同じでね。

梅三　投資家ってなんかケチだね。

父　ケチじゃなきゃ投資では勝てません！

■消費もするし株も買うのがベストな会社

父　実はアップルの逆で、消費はするけど株は買わないという会社もある。例えば、いきなりステーキ。

竹二　ああ、うち皆好きだよね。

父　かつてあの会社の肉マイレージシステムのお得感はすごかった。1万円以上チャージ（前払い）すると15％プレミアがついたし、プラチナカード持ってると、お酒が一杯無料だった。そうすると、ランチタイムに行けば300グラムのハンバーグのランチに、ワインを一杯つけて、850円プラス消費税で済んじゃう。いくらハンバーグはそれ用の肉で作ってると言っても、とても儲かるとは思えなかった。コロナ禍になってから条件が変わっちゃったけど、たぶんコロナ禍はきっかけにすぎず、どうにか利益率を改善する方法を探ってたのだと思うよ。

梅三　俺らが持ってるゴールドカードもソフトドリンク一杯もらえるしね。

父　君たちが持ってるあのゴールドカードだって、1000円のハンバーグ10回

図表15　投資家の視点では、会社は4つに分類される

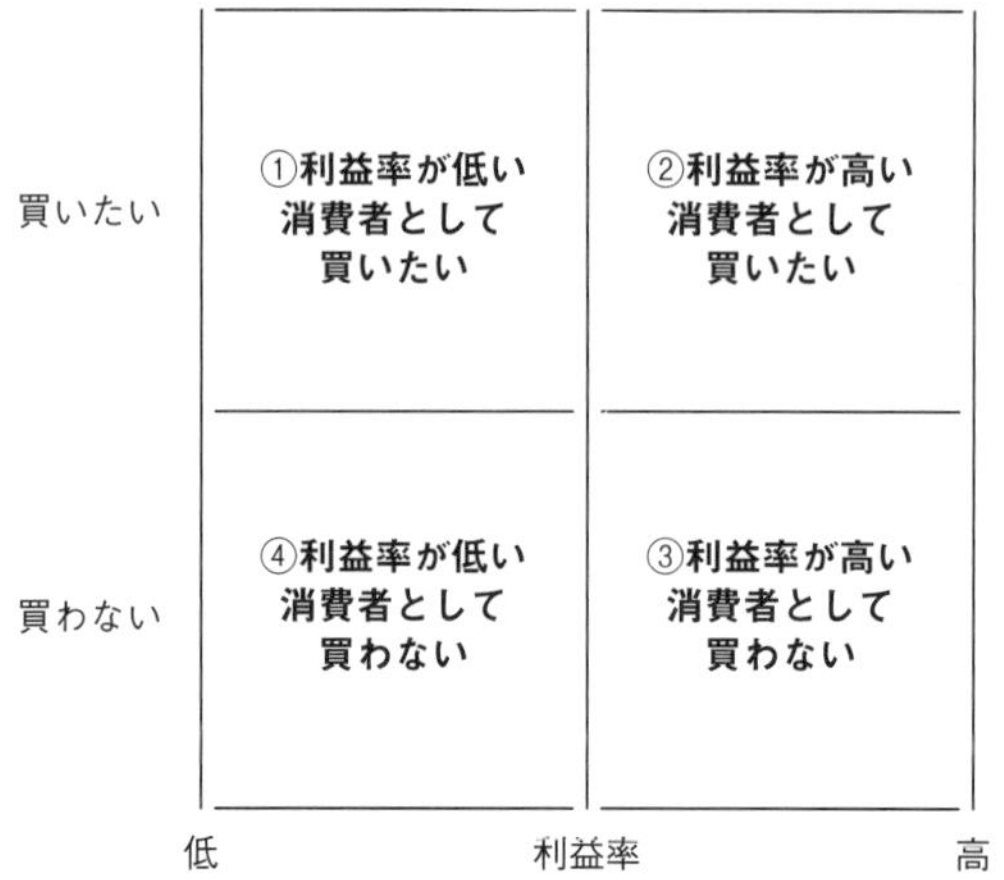

出所：著者作成

食べればもらえたからね。それで年に一回の誕生月に好きな肉300グラムもらえたってんだから、消費者としては最高だよ。

竹二　だけど、株は買わない、と。

父　投資家の視点では、会社は次の四つに分けられると思うんだ。

いい会社ってのは②の利益率が高くて消費者としても買う会社だと思うね。ちなみに消費者として買うか買わないかは主観的、つまり好き嫌いで考えたらいいよ。アップルは父さんは③だと思うけど、②だと考える人もたくさんいるしね。いずれにしても②の会社から検討していくと

よいと思う。君らも知ってる会社で言えば、②は丸亀製麺（トリドールホールディングス）、かつや（アークランドサービスホールディングス）、セリアなんかは消費者としてのお得感と会社としての利益率のバランスがいい会社なんだと思う。

竹二　丸亀、かつや、セリアが好きな人はお金持ちになれる、ってやつね。

父　その通り。

まとめ

- アップルが時価総額ナンバーワンになり、それを維持している理由は、ハードウェア、サービスともに収益性が高く、株主還元策を積極的に実行しているからである。
- 同じ結果が得られるのであれば最もコストの安い選択をするのが正しい投資家の態度である。
- 消費者にとってお得すぎる会社は投資対象としては魅力的ではない。
- ケチでなければ、投資では勝てない。

02

株価情報、どう見ればいいの？

■株式に関する情報の意味を知る

父　今日は初歩的な株価情報の見方をやっていこう。できれば株価分析をやってみようと思う。

竹二　結構最終ステップな気がする。

父　入門編としてはそれに近いかも。じゃ、何でもいいから会社名言ってみて。

竹二　日本？　海外？

父　日本。

竹二　セブンイレブン。

父　よし、セブンにしよう。ちなみにセブンイレブンという会社で上場はしてい

図表16　セブン＆アイ・ホールディングス　トップ画面

3382：総合小売・食料品小売｜東証１部｜日経平均採用｜JPX日経400採用

【総合小売業】セブン-イレブン、イトーヨーカ堂など傘下に持つ。

現在値(15:00)：**5,069**円　前日比：**＋117**(＋2.36%)

| トップ | ニュース | チャート | 株価 | 業績・財務 | 企業発信情報 | 企業概要 | 株主情報 | コンセンサス |

始値 (9:00)	5,000 円	売買高	3,521,800 株
高値 (10:29)	5,138 円	予想PER ?	23.5 倍
安値 (9:00)	4,995 円	予想配当利回り ?	1.97 %

📁 銘柄フォルダに追加　株主優待　　2021/9/7

・QUICKコンセンサス予想が更新されました。（8/31）

1日　3カ月　6カ月　1年　2年　5年　10年

分足　日足　週足　スマートチャートプラス

株価指標

出所：「日経会社情報DIGITAL」2021年9月7日データ

なくて、持ち株会社のセブン＆アイ・ホールディングスという会社で見てみよう。例によって「日経会社情報ＤＩＧＩＴＡＬ」を開いて、検索バーに「セブン」と打ってみよう。そこからセブン＆アイのページに行くとこんな画面が表示される。一つひとつ見ていくことにする。ちょっと退屈かもしれないけど、重要なことだから一通り説明していくよ。まず一番上から。ここに「３３８２」という数字がある。これは「銘柄コード」と呼ばれるもので、企業それぞれに一つの番号が振られている。その横に「総合小売・食料品小売」とある。これは業種の分類。その横に「東証一部」とあるのは、上場している証券市場。日本には証券取引所が東京、名古屋、福岡、札幌の四つある。

梅三　大阪はないんだ。

父　以前はあったけど、13年に東京証券取引所と一緒になって、いまは上場株式の取引はしていない。そして東京証券取引所の中には、第一部[9]、第二部、JASDAQのスタンダードとグロース、マザーズ、合計五つの市場がある。

梅三　どう違うの？

父　**東証一部は大企業中心、東証二部は中堅クラスの企業が上場している市場。**一部と二部とでは**会社の規模や、財務状態の安定性などの条件が違う**。一部の方が上場の条件が厳しい。**JASDAQとマザーズは新興企業向けの市場。**

竹二　セブンは大企業だから東証一部ってことだね。

父　セブンは文句なしの大企業。さっきの情報の横に移ると、「日経平均採用」銘柄で、[10]JPX日経400採用銘柄ともある。

竹二　「年初来高値更新」って何？

※9　2022年4月4日に現在の5つの市場区分を新しい3つの市場区分（プライム、スタンダード、グロース）に変更される。「東証1部」は「プライム」に、「東証2部」と「JASDAQスタンダード」は「スタンダード」へ、「JASDAQグロース」「マザーズ」は「グロース」とそれぞれ改編、改称される。

※10　日本取引所グループ、東京証券取引所、日本経済新聞社が共同で開発し、2014年1月から公表が始まった株価指数。東京証券取引所に上場を行っている企業3400社の中から、投資家に魅力の高い銘柄400社を選び、財務や経営が優秀な日本の株式市場をけ

父　年初から現在までの一番高い値段を付けた、ってこと。次にその下を見ると、この会社の概要が記されている。

竹二　イトヨーもセブンなんだ。

父　そう。イトーヨーカドーもセブン&アイ・ホールディングス傘下の企業の一つなんだよ。ここまでの二行が、この銘柄の超概略。「総合小売・食料品小売」のタブをクリックしてみよう。左から三番目の「業界動向」をクリックすると、該当する業界に関する情報が整理されたページに飛ぶ。

梅三　百貨店　ＧＭＳ　スーパーマーケット　コンビニエンスストア　ドラッグストアって書いてある。

父　ここは、総合小売・食料品小売のジャンルが、「百貨店」「ＧＭＳ」「スーパーマーケット」「コンビニエンスストア」「ドラッグストア」とさらに細かく分類されている。クリックするとそれぞれの業界の「解説」[※11]が読める。セブン&アイ・ホールディングスは、この中で「ＧＭＳ」に分類される。ＧＭＳは総合スーパーのこと。ゼネラル・マーチャンダイズ・ストア（General Merchandise Store）の略語な。

竹二　総合スーパー全体の流れを見ようと思ったら、ここを読めばいいわけね。

ん引する銘柄の動きを指数として発表する。指数は２０１３年８月30日を起点として、この日を１００００として計算されている。

※11 ちなみにこの解説は日経電子版の有料会員限定で、ログインしないと見られない。

図表17　総合小売・食料品小売　企業一覧

総合小売・食料品小売

フォローする

トップ　ニュース　業界動向　企業一覧　銘柄一覧

証券コード	会社名		売上高：百万円
8267	**イオン** 【総合小売大手】総合スーパー、不動産、金融、専門店など展開。	2021年2月期	8,603,910
3382	**セブン&アイ・ホールディングス** 【総合小売業】セブン-イレブン、イトーヨーカ堂など傘下に持つ。	2021年2月期	5,766,718
9020	**ＪＲ東日本** 【国内最大の鉄道会社】JR7社のリーダー格。関連事業を強化。	2021年3月期	1,764,584
2212	**山崎製パン** 【製パン首位】和洋菓子なども。コンビニも展開。同族経営。	2020年12月期	1,014,741
3141	**ウエルシアホールディングス** 【イオン系ドラッグ大手】イオン傘下3社を統合し業界首位狙う。	2021年2月期	949,652
9005	**東急** 【東急グループ中核】グループ経営を強化。渋谷再開発に注力。	2021年3月期	935,927
3391	**ツルハホールディングス** 【ドラッグストア大手】北海道と東北で積極出店。アジアにも進出。	2021年5月期	919,303
9021	**ＪＲ西日本** 【西日本地盤】営業エリアは2府16県。京阪神の都市圏輸送に強み。	2021年3月期	898,172
9022	**ＪＲ東海** 【東海道新幹線】好採算の新幹線が収益源。グループで新事業展開。	2021年3月期	823,517
3099	**三越伊勢丹ホールディングス** 【百貨店最大手】富裕層から若年層まで幅広い顧客層に強み。	2021年3月期	816,009

出所：「日経会社情報DIGITAL」2021年9月7日データ

父　そう。次にメニューの中の隣「企業一覧」を見てみよう。売上高の大きい順に表示される（図表17）。

竹二　セブンって二番手なんだね。

父　売上高で言えばね。ＧＭＳ業界ではイオンがトップ。イオンの売上高いくら？

梅三　えーっと単位が百万円とあるから、十億、一兆の、８・６兆円。

竹二　８・６兆円！

父　でかいよね。２位のセブンは５・７兆円。

梅三　３位にＪＲ東日本があるけど、これは電車の会社じゃないの？

竹二　ホントだ。ＪＲ西日本とかＪＲ東海とかもある。

父　このランキングは厳密な業種分類じゃなく。「小売業」にタグ付けされた会社がすべて入ってる。ＪＲはエキナカやってるし、それ以外はデパートやスーパーも運営してるからね。厳密な業種別のランキングを見たければ、メニューの中の右隣のタブ「銘柄一覧」を見るといい（図表18）。

竹二　今度はセブンが一位だ。

図表18　総合小売・食料品小売　銘柄一覧

総合小売・食料品小売

フォローする

トップ　ニュース　業界動向　企業一覧　銘柄一覧

総合小売・食料品小売(55件)　　**この事業が主力の企業に絞る**

[+]小分類

1〜50件目を表示(全55件)　　前へ　**1** | 2　**次へ**

証券コード	銘柄名	時価総額(百万円)	チャート
3382※ 東証1部	**セブン&アイ・ホールディングス** 【総合小売業】セブン-イレブン、イトーヨーカ堂など傘下に持つ。	4,493,374	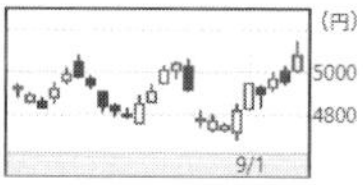
8267※ 東証1部	**イオン** 【総合小売大手】総合スーパー、不動産、金融、専門店など展開。	2,664,601	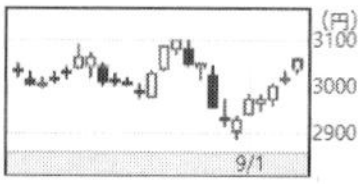
2651※ 東証1部	**ローソン** 【コンビニ大手】三菱商事系で全国展開。新業態開発に積極的。	559,674	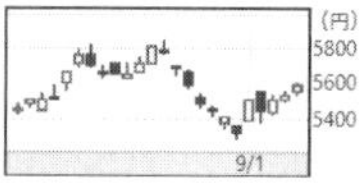
8252※ 東証1部	**丸井グループ** 【効率経営】店舗は首都圏中心。クレジットカード事業に強み。	470,134	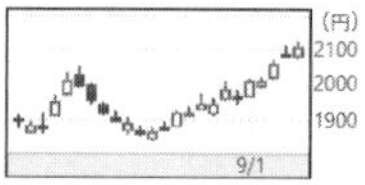
3099※ 東証1部	**三越伊勢丹ホールディングス** 【百貨店最大手】富裕層から若年層まで幅広い顧客層に強み。	312,856	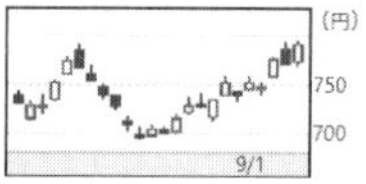

出所：「日経会社情報DIGITAL」2021年9月7日データ

父　そうだね。さっきのは売上高だったけど、このリストは時価総額でランキングされている。

梅三　何でこうなるの?

竹二　たぶんセブンの方が利益が大きいってことだよね。

父　そう。次にセブンの企業情報の見方を一通り最後まで見てみよう。さっきのセブンのトップページ（P149　図表16）に戻るよ。まずは「チャート」に行こう。これまでも見てきたから何となくは理解していると思うんだけど、この「スマートチャートプラス」でもう少し詳しく見てみよう。

上の行に「1日」「5日」などとあるけど、これはチャートを表示する単位を示している（P158　図表20）。この講座では長期投資を目指しているから、5年や10年の期間で見るといい。チャートの見方を簡単に説明したのが図表19だ。

■テクニカル分析は星占いと同じ?

父　ところでこのチャートの形を見て将来の株価が予測できるという説がある。それは**「テクニカル分析」**と呼ばれている。

図表19　ローソク足と移動平行線

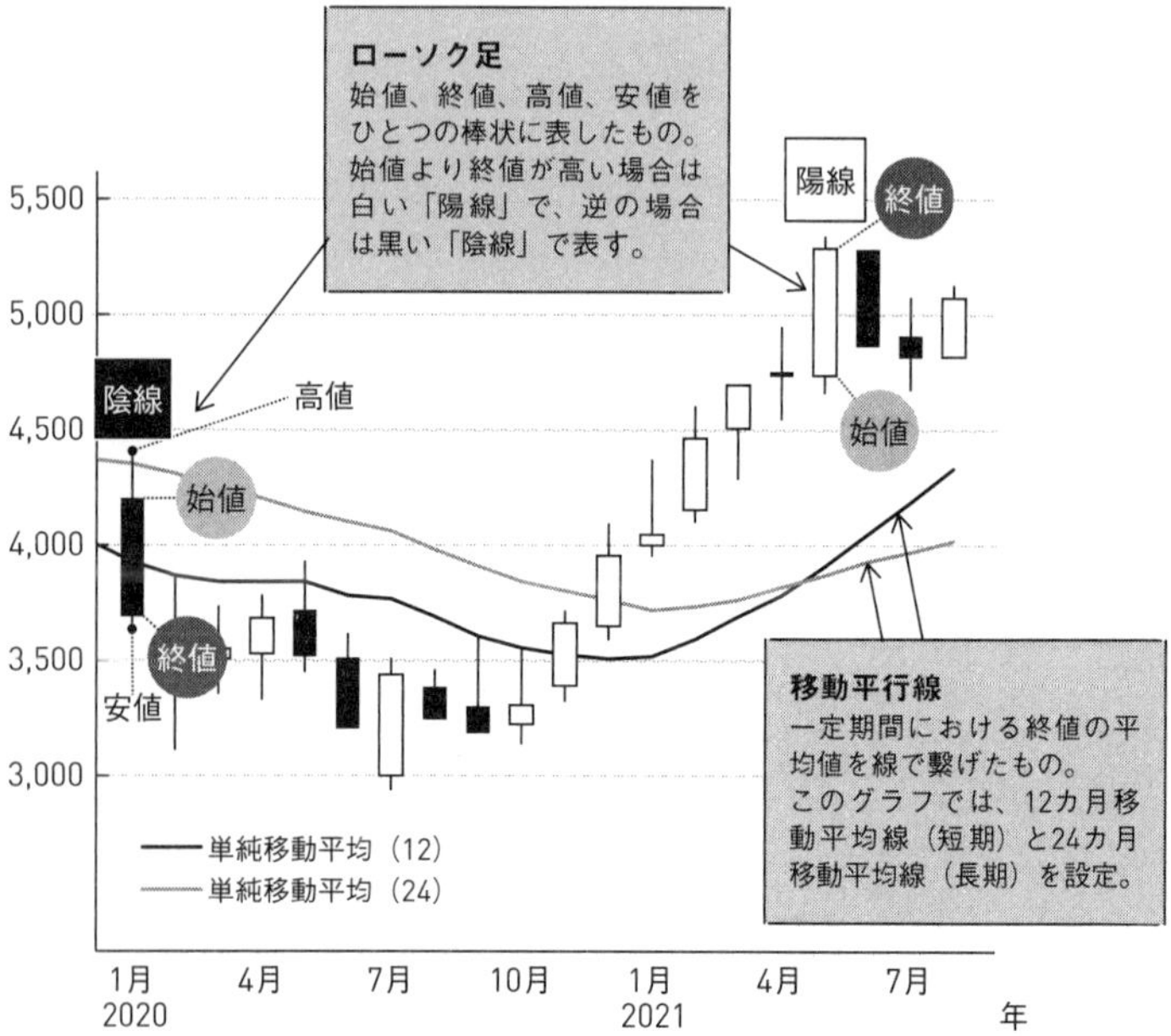

出所：著者作成

梅三　何か、カッコイイね。

父　さらにその分析手法の名称もカッコイイ。代表的な売り買いのサインとして移動平均線の動きをチェックするものがある。このセブンの10年チャート（図表20）で言えば、19年の4月のあたりに、短期移動平均線（このグラフでは単純移動平均(12)）と長期移動平均線（単純移動平均(24)）がクロスしているところがある（①）。

竹二　あるね。

父　短期と長期がどのようにクロスしている？

竹二　短期移動平均線が下向きになって、長期移動平均線を下回った。

父　こういう状態になるのを**「デッドクロス」**という。そしてデッドクロスが生じると「売り」のサインだと言われる。「売り」のサインとは、これから株価が下がっていく傾向にあるとチャートからは読める、ということだ。

梅三　確かに、ここから株価は下がってる。

父　もう一つ、「デッドクロス」の逆**「ゴールデンクロス」**というのがある。このチャートだと明確に表示されてはいないけど、チャートの左端はちょうど短期移動平均線が長期移動平均線を上回って、ゴールデンクロスが起こっている。

図表20　セブン&アイ　スマートチャート（10年）

出所：「日経会社情報DIGITAL」2021年9月7日データ

竹二　そして株価は上がり始めたと。2000円くらいから、5500円まで。

梅三　おお、この分析すごいね。

竹二　ってことはさ、父さん。チャートの右端はちょうどいま頃ってことだよね。バッチリゴールデンクロスが出てるじゃん（②）。まさにいま買えってことよね。

父　テクニカル分析的にはそうなる。ところが、そうは問屋が卸さない。16年の中ごろにもデッドクロス出てるのわかるかな（③）。

竹二　わかる。

父　その後、ゴールデンクロス

に変わる18年頭（④）を見て、16年に出たサインと比べてみて。

竹二　うーん、あんまり変わらないかな。

父　じゃあ、18年の頭と19年の半ばを比べると？

竹二　えーっと、18年に買って19年に売ることになるから、大損している。

父　そうなんだ。ゴールデンクロス／デッドクロス理論は当てはまるときもあれば、当てはまらないときもある。加えてその有効性はランダムだ。つまり、役に立たない。

竹二　そうなの？　じゃあ何でテクニカル分析の話を俺らにするの？

父　それはこの先、株式投資をし始めると、必ずテクニカル分析による株式評価情報を目にする機会が頻繁に訪れるだろうと思うから。テクニカル分析結果は星占いと変わらない、と俺は思う。それらに惑わされないようにしてもらうためだ。

竹二　転ばぬ先の杖、ってやつ？

父　そう。「専門家」と称する人たちは皆もっともらしいことを言う。チャートを見ると抵抗線※12とか、支持線とか確かにそういうトレンドがあるような気がしてくる。だけど抵抗線も支持線も「これ以上の値上がりを抵抗しているように」「これ

※12　チャート上にある二つ以上の高値または安値の水準を線で結ぶことで表現される線。「支持線（サポートライン）」は価格が下落する局面で定期的に反転する二つ以上のポイントを結んだ線。「抵抗線（レジスタンスライン）」は価格が上昇する局面で定期的に上値が抑制される二つ以上のポイントを結んだ線。

以上の値下がりを指示しているように」見えるだけであって、個人的意見、錯覚、希望といった類のものだ。学校で星座って習うよね。こぐま座って小熊に見える？

梅三　見えない。

父　それと同じように株価のチャート分析も解釈の一つにすぎない。

竹二　そうなんだ。

父　だって自分で一通り全部確かめたもの。もう10年以上前になるけど、日経平均のデータを使って主要なテクニカル分析手法を全部試した。その結果常に儲かるパターンは一つもないことがわかった。

竹二　ゼロ？

父　完全にゼロ。Ａという必勝法があるとする。確かにある期間を取ると手法Ａで大勝ちすることもあれば別の時期では大負けすることもある。では別の手法Ｂを組み合わせるとどうかと言えば、パターンが見出されなくなったりする。成果が実証できる法則は全くなかった。それまではチャートを見ながら売り買いするべきで、勝てないのはチャートへの理解が足りないと思っていたんだけど、そうではなかったことがデータに基づく実験で明らかになった。

竹二　じゃあチャートは見なくていいってことでもある？

父　いや、見た方がいい。過去にどういう動きをしていたかという事実を理解するには役立つ。だけど将来を予測するには役に立たない。

梅三　この前父さん、株価は将来によって決まる、過去は関係ないって言ってたのと同じ話な気がする。

父　いいポイントだね。チャートはどんな形をしていようとも過去の情報であることには変わらない。将来の株価形成に過去の情報は無関係であることを踏まえれば、チャート分析で株価が予測できないことは理屈も合う。だから同じことを別の面から説明しているとも言えるね。

■強気・弱気の指標としてのPERとPBR

父　ここからはセブンの株価情報ページに戻って、真ん中あたりにある丸い「株価指標」ボタンを押すと出てくる情報について見ていこう（図表21）。ここに出ている数字のうち、株価情報を理解するために大事な用語について解説しよう。

用語の説明は一覧表（図表22）にまとめたんだけど、ここでは全ての投資家が常に

図表21　セブン&アイ・ホールディングス　詳細情報

セブン&アイ・ホールディングス
フォローする
現在値(15:00)：5,069円　前日比：+117(+2.36%)
トップ　ニュース　チャート　株価　業績・財務　企業発情報　企業概要　株主情報　コンセンサス
始値 (9:00)　5,000 円
売買高　3,521,800 株
高値 (10:29)　5,138 円
予想PER　23.5 倍
安値 (9:00)　4,995 円
予想配当利回り　1.97 %
銘柄フォルダに追加
株主優待
2021/9/7
• QUICKコンセンサス予想が更新されました。(8/31)
(円)
5300
5200
5100
5000
4900
4800
4700
7/1
8/1
9/1
(万株)
400
200
1日　3カ月　6カ月　1年　2年　5年　10年
分足　日足　週足　スマートチャートプラス
閉じる
PBR（実績）　1.60 倍
年初来高値(21/6/30)　5,340.0 円
ROE（予想）　7.10 %
年初来安値(21/1/4)　3,588.0 円
株式益回り（予想）　4.24 %
10年来高値(15/8/6)　5,998.0 円
普通株式数　886,441,983 株
10年来安値(12/1/24)　2,093.0 円
時価総額　4,493,374 百万円
売買単位　100 株
株主優待　無
最低購入金額　506,900 円

出所：「日経会社情報DIGITAL」2021年9月7日データ

チェックしている指標であるPERとPBRについて説明していくことにする。まずPERについて。読み方は「ピー・イー・アール」とアルファベットの頭文字をそのまま読むのが通例。これはPrice Earnings Ratio、**株価（Price）が利益（Earnings）の何倍か（Ratio）を表す指標**のこと。セブン&アイ・ホールディングスの表（図表21）では、23・5倍と表

図表22 株式投資で使う主な用語とその意味

用語	意味
PER	株価収益率（Price Earning Ratio） 株価をEPSで除したもの
EPS	1株利益（Ernings Per Share）
配当利回り	配当金を株価で除したもの。予想とあるのは今期の予想利益を用いているため
PBR	株価純資産倍率（Price Bookvalue Ratio） 株価を1株あたり純資産（BPS）で除したもの
BPS	1株あたり純資産（Bookvalue Per Share）のこと
ROE	自己資本利益率（Price On Qruity） 純利益を自己資本で割ったもの。株主が投入した資金を使って、どれだけ稼げたかを示す。数字が大きいほど、株主から見た収益が高い企業ということ
株式益回り	EPSを株価で除して算出。PERの逆数（＝1÷PER）

出所：著者作成

示されているね。これはセブンの利益を発行済み株式数で割った数字、つまり一株利益で、現在の株価を除した（割り算した）数字ね。逆に言えばいまの株価をPERで割ると、一株利益を計算できる。

竹二 ふむふむ。

父 さて、このPERは一体何を意味する数字なのか、きちんと理解している人は実は少ない。大事な考え方なので、詳しく見ていきたい。第1講の時に会社の売買をするときには一般的に利益の何倍かという考え方で値段をつけるという話をしたけど、覚えてる？

竹二　ああ、会社を買うときに利益の10倍で買うか、50倍で買うか、とかいう話だったっけ。

父　そう。利益が1億円出てる会社の話。毎年1億円利益が出る会社を1億円で売る人はまずいない。買いたい人の中には利益の10年分なら欲しい、50年分まで払うという人など様々だ。ここは大事な議論なんだ。何で人によって幅があると思う?

梅三　お金が余ってるから?

父　まあそれは正しいよ。会社を買う人はお金が余ってる人だからね。父さんの質問は買いたいという倍率に差があるのは何でか。

竹二　強気か弱気かの違い?

父　正解。だけどほとんどの株の議論はここで終わっちゃうし、皆納得しちゃうんだ。だけど、もうちょっと突っ込んで、強気、弱気の根拠は何だろう?　実は前回の時にも触れたよ。

竹二　覚えていない。

父　じゃ、説明するよ。売りに出されている会社を買って代わりに経営したいと考えている人が複数いるとしよう。ともにお金は持っているという前提。ある人はこの会社はもう成長が頭打ちだけど手堅いビジネスだからこの先生み出されるであろう毎年1億円の利益が欲しいと考える。この人を「中立」と見なすことにする。強気の人は自分が経営したら利益が少なくとも倍の2億円、もっとうまくやれば5億円にできると考えるとする。

竹二　弱気の人はいまの1億円がピークでこれから減っていくと予想すると。

父　そう。整理するとこうなる。

- **強気**：自分が経営すれば1億円を超える利益を出せる
- **中立**：この先も利益は1億円のまましばらく続く
- **弱気**：いまの1億円の利益がピークで、この先は減っていく

父　仮に中立の人がつけた値段が利益の10倍＝10年分だとする。強気の人が50倍を付けるとすれば、10倍と50倍の差の根拠は何だということだ。その答えは実は簡単で、強気の人は利益を5倍にできると考えているということ。

図表23　株価収益率（連結決算ベース）

項目名	前期基準	予想
日経平均	18.75倍	13.85倍
JPX日経400	18.69倍	15.94倍
日経300	20.76倍	15.55倍
日経500平均	21.67倍	16.01倍
東証1部全銘柄	22.07倍	16.35倍
東証2部全銘柄	33.37倍	17.52倍
ジャスダック	33.69倍	22.02倍

注：「日経会社情報DIGITAL」2021年9月7日終値時点データ

梅三　それなら結局10倍になる、ということか。

父　そういうことなんだ。もちろん「利益を5倍にできる」という根拠は本人にしかわからない。でも「他の人よりも5倍高く買う」という行動には根拠があるんだ。そして上場株のPERについても同じ考え方で捉えることができる。いま時点での日経平均のPERを見てみよう。

竹二　日経平均にもPERってあるの？

父　もちろんあるよ（図表23）。日経平均採用銘柄の利益の合計で割れば算出できる。同様に東証全体、日本株全体、NYダウ、ナスダックのPERも見られる。それで見ると現時点での日経平均のPERは前期基準で約18・75倍、予想ベースで13・85倍となっている。

竹二　この表の「前期基準」と「予想」は何が違うの？　数字がずいぶん違うのが

気になる。

父　「前期基準」とは、最新の年度に確定した決算の利益に基づく数字で、予想は現在動いている年度の予想利益。この表を単純化して説明すると、20年度の実績として確定した利益をもとに現在の日経平均の株価収益率、つまりＰＥＲを計算すると18・75倍で、21年度の終わりに日経平均銘柄225社が生み出すであろう利益の予想から見れば、いまの日経平均のＰＥＲは13・85倍ということだ。この数字の意味するところはわかるかな？

竹二　ヒントちょうだい。

父　ＰＥＲ＝日経平均株価÷利益（前期実績または予想）。分子が同じで、分母が変わることで、答えが変わる数式。梅三、どうだ？

梅三　割り算の商が小さくなってるから、分母が大きくなった、ってこと？

父　ではいま取り上げている日経平均のＰＥＲの「前期基準」と「予想」の話で言えばどういう変化がある？

梅三　「前期基準」よりも「予想」の方が数字が小さい。

父　ってことは？

図表24　足元でPERが再び上昇している

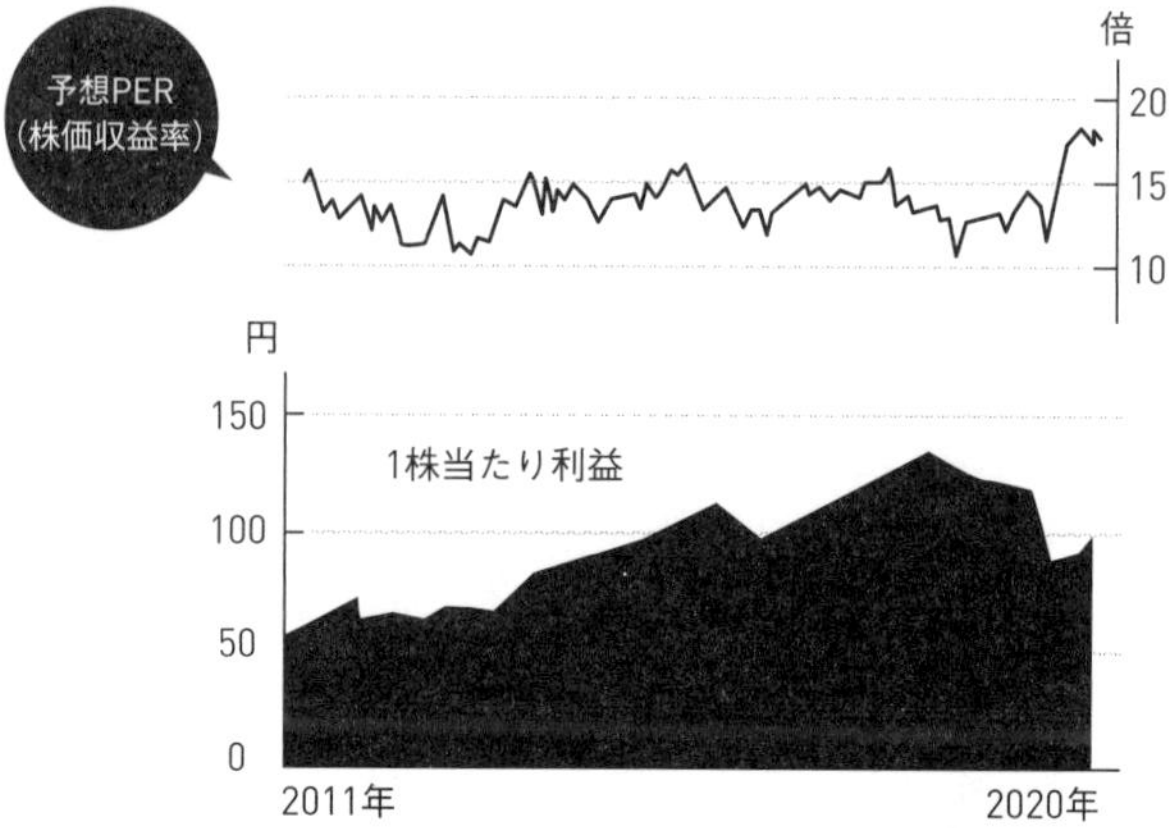

出所：JPモルガン・アセット・マネジメント、東証1部上場銘柄が対象
日経電子版2020年12月29日「30年ぶり高値の日経平均 デジタル・脱炭素が主役」より

竹二　前期よりも予想の方が利益の額が大きい。

父　そうだね。日経平均に採用されている銘柄は、前期よりも今期のほうが利益が大きくなると予想している、ってことを意味する。では次にこの18倍とか14倍とかいう数字をどう捉えるかを知るために、過去10年の日経平均のPERの推移を見てみよう（図表24）。

竹二　15倍前後を行ったり来たりして、20年になって急に上がってる。

父　そうだね。過去10年をならすとPERは14倍くらいだった。でも下側の山グラフを見ると、一株当たり利益は増えている。だから株価はずっと上がってきたというわけだね。でもコロナ禍が始まって企業収益＝一株利益は減ったけども、ＰＥＲは上がった。実際14倍から20倍近くまで上がった。

これは何を意味しているかというと、コロナ禍が始まった後、市場参加者は株式投資に対して「相対的に」「強気」になったということを意味している。「相対的に」という言葉を使ったのは、ＰＥＲにはこれが適切だという数字が理論上存在しないから、あくまで過去に比べてということだ。

竹二　コロナで皆大変だけど株には強気だってのは不思議な感じ。

父　コロナ禍が始まったころは皆弱気だった。実際20年の3月は大暴落した。でも3月24日をボトムに株式相場は上昇に転じた。これはアメリカをはじめ先進国が経済を支えるためにお金を配りまくったからと考えられている。そしてさっき見たように、日経平均採用銘柄の予想利益も増えると考えられている。

竹二　ってことは株はまだまだ上がるの？

父　本当に上がるかどうかはわからないけど、市場参加者の総意はまだ上がると考えていることが読み取れる。ちなみにセブンの例からこの話を始めたから、セブンのPERに戻ると（P162　図表21）、23・5倍とある。この数字は予想ベースの日経平均のPER13・85倍より大きい。ということはセブンは市場平均よりは良いだろうと投資家が考えていまの株価をつけていると解釈することができる。

もう一つPBRについて説明しておこう。PBRは「ピー・ビー・アール」とこれもアルファベットの頭文字を読むのが一般的で、**Price Book-value Ratio の略。株価（Price）に対して資産の簿価（Book-value）の割合（Ratio）という意味。**

梅三　Book は本じゃないの？

父　Book は会計用語で「帳簿」という意味でつかわれる。会計の帳簿上に記された資産の価値のことを「簿価」と呼ぶ。ちなみに「簿記」のことは Book-keeping というから覚えておくといいよ。ついでにもう一つ豆知識。Book-keeping がなまって「ボキ」という日本語の音に「簿記」という感じを充てたという説がある。

梅三　へぇ、面白い。

父　最近の風潮に倣って「諸説あります」って言っとく必要があるか（笑）。それはともかく、資産の簿価とは、ある時点で会社を畳んで資産を全部売った時の値段。**店舗、在庫、土地、システム全部売って、借金を全部返した後の資産を純資産**

図表25　純資産倍率（連結決算ベース）

項目名	純資産倍率
日経平均	1.26倍
JPX日経400	1.60倍
日経300	1.40倍
日経500平均	1.39倍
東証1部全銘柄	1.37倍
東証2部全銘柄	0.88倍
ジャスダック	1.50倍

注：「日経会社情報DIGITAL」2021年9月7日終値時点データ

という。それに対して時価総額が何倍かという指標がＰＢＲ。さっきＰＥＲについて話したときに使ったのと同じ表を見てみよう（図表25）。表のタイトル「純資産倍率」はＰＢＲと同じ意味だ。梅三、日経平均のＰＢＲは何倍と書いてある？

梅三　１・２６倍。

父　この１・２６倍が何を意味するかを説明するね。まず株主は持ち分に応じて会社の純資産を保有している。会社は資産を活用してモノやサービスを売って、必要な経費を払って利益を残す。会社に利益が残るということは、株主の持つ純資産額も増えるということを意味する。ＰＢＲが１倍ってことは、株式を売却する場合と、会社の資産を全部現金に換えて解散したときに、株式と引き換えに受け取るお金の価値が同じだということを意味する。儲かっていて、将来も期待されている会社のＰＢＲは理屈上１倍を上回る。

竹二　あれ、表の下から二番目の「東証２部全銘柄」の純資産倍率は０・８８倍ってなってる。

父　いまのところ東証二部銘柄全体としては将来の利益があまり期待できない、というか期待されていない会社がそれなりに含まれている、と読み解くことができるね。

竹二　なるほど。

父　あともう一つだけセブンの詳細情報の中の数字を見ておこう（Ｐ１６２　図表21）。それは**予想配当利回り**。これは**配当金の額が、その時点での株価の何パーセントかに当たるかという率を示したもの**。表示されている予想配当利回りは１・９７％、株価５０００円に対して約２％の配当ということは約１００円ってことになる。実際、セブンの一株当たり配当金は、98円とある。「予想」として示されていることの意味は、配当金は毎年絶対にこの金額と決まってないけど、日経平均に採用される銘柄であれば予定調和的に払われる。よほどのことがなければ。

梅三 2%って高いの？

父 それはなんとも評価しがたい。普通預金の金利と比べたら2万倍だから、それは高い。配当金額は毎年ほぼ固定だけど、株価は上下に動く。ということは、株価の変動によって配当金よりも株価が下がることも普通にある。2%なんて1日で動いちゃうからね。だから初心者の銘柄選びに関しては配当金の多寡は考慮に入れなくていいと思う。

■株価はEPSとPERによって決まる

父 さて、ここまで「日経新聞DIGITAL」の画面を使って、株価情報の見方の基本をざっと見てきたけど、最後に株価がどのように決まるかをもう一度おさらいしたい。梅三、株価は何で決まる？

梅三 会社の将来の利益。

父 そうだね。だけど本当はもう一つある。それがさっき説明したPER。これまでは話を簡単にするために、株価は「企業の将来の利益」をベースにそれを何倍で買うかという投資家それぞれの意見の総意で決まる、という、ちょっと持って回った表現をしていたけど、ＰＥＲを理解してもらったから説明はよりシンプルになった。

株価　＝　ＥＰＳ[※13]×　ＰＥＲ

父　この計算式（図表26、図表27）で見ると、株価が大きく変動する理由がわかるんじゃないかなと思う。ＥＰＳの予想が大きいと、この会社はもっと伸びるんじゃないかという期待からＰＥＲも上がる。だから株価は大きく上がる。その逆の場合は大きく下がる。

梅三　掛け算だものね。

父　そう。それからもう一つ、ＥＰＳは個別企業の事情だけれど、ＰＥＲはそれ以外のさまざまな要素に影響されて日々刻々と変動する。さっき投資家の強気・弱気を相対的に比較する指標だという説明をしたけれど、やっぱり東日本大震災のあと数日や、コロナ禍の最低だった20年3月24日なんかはＰＥＲは相当下がったんだ。

※13　Earnings Per Share。一株あたりの純利益のこと。

図表26

株価を決める2つの要素

株価 ＝ EPS（一株利益） × PER（株価収益率）

EPS：通常は来期の予想利益。会社予想、アナリスト予想などベースとなる情報は提供メディアによって異なる

PER：市場参加者の強気／弱気度のその時点での総意。科学的に証明された「適切」な値は存在しないため、過去、業種間、類似銘柄などとの比較により相対的に用いるのが現実的

出所：著者作成

図表27

株価が大きく変動する理由

EPS（一株利益）	×	PER（株価収益率）		**株価変動幅**
大きな増収予測	×	**一層の成長期待、強気相場**	⇒	**大きな上昇**
大きな減収予測	×	**衰退の懸念、弱気相場**	⇒	**大きな下落**

出所：著者作成

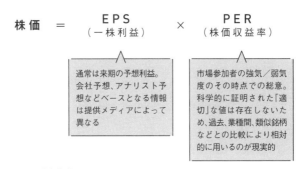

まとめ

■「日経会社情報DIGITAL」では株式に関する基本的な情報のほとんどが手に入る。

■チャートを見て将来の株価を予測することは不可能である。そのためすべてのテクニカル分析は、現状を説明する一つの視点を与えているにすぎず、売り買いの決断にとっては無意味である。

■**株価＝EPS（一株利益）×PER（株価収益率）**で決まる。

■掛け算であるため、上がるときは大きく上がり、下がるときは大きく下がる。

■**PERは対象銘柄と市場全体の強気／弱気度合いを測る指標**である。適切な倍率は存在しない。**あくまで同一銘柄間の現在と過去、市場平均と対象銘柄など、比較のために参考にすべき指標**である。

■PBRの示す情報も上記と同じである。

03 改めて、利益ってなに?

■利益にもいろいろあるけれど

父　このテーマの締めくくりとして利益について説明します。これまで「利益」と簡単に言ってきたけど、実は利益には何種類もある。人によっては売上のことを利益だと思ってる人もいる。でもそれはあながち間違いとは言えない。例えば君らが毎月貰う小遣いは、売上であり、イコール利益でもある。

梅三　そうなの?

父　だって全部自分で好きなように使えるでしょ。利益の意味合いの一つは、自分で好きなように使えるという点がある。でも、会社勤めの人が貰う給料はというと、ちょっと違う。会社から「給料です」と言われて示される額と、実際に銀行に

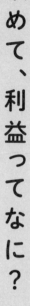

振り込まれる額は同じではない。

竹二　税金払うからでしょ。

父　そう。主に所得税と住民税。加えて厚生年金と健康保険料、雇用保険料などなど。だから会社からの支給額からそれらの公的負担を除いた分がいわゆる「手取り」。これが会社員にとっての利益と言えば利益。だけども実際それを全部好きなように使えるかというとそうでもなく、家賃や水道光熱費を払わなきゃなんないし、食費もかかる。だから生活費を引いて貯金に当てられる金額を利益だとする考え方もできる。ちょっと言葉遊びっぽくなってしまったけど、「利益」という言葉と、それが本当に意味している内容が一致していないことがあるということなんだ。だけど企業会計の世界においては全ての言葉が正確に定義されている。

竹二　まあ、そうでないと困るよね。

父　そう、困っちゃう。**企業の会計には「利益」とつく主な用語が四つ**ある。

梅三　そんなにあるの?

父　もっとあるけど、君らが知っておくべきものは四つだ。まず近所のスーパーマーケットを例に考えてみよう。100円で売っている菓子パンがあるとする。仕入れ価格はいくらくらいと思う？

梅三　えー、全然わからない。90円とか？

竹二　それじゃ儲からないよ。80円くらいじゃない？

父　もうちょっと安い。70円から75円くらい。

梅三　そんなに安いんだ！

父　それくらい安くないと、運営できないよ。

竹二　家賃とか人件費とかかかるもんね。

父　そう。お客が払うお金、つまり**売上から、仕入れたお金を引いた金額を、「売上総利益」**という。１００円の菓子パンの仕入れ金額を70円とすると、30円が売上総利益、となる。

竹二　うりあげそうりえき、ね。

父　そう。さっき竹二が言ったように、菓子パンを売るためには店を構えないといけないし、従業員も雇わなければならない。そういうコストを一般管理費という。そして

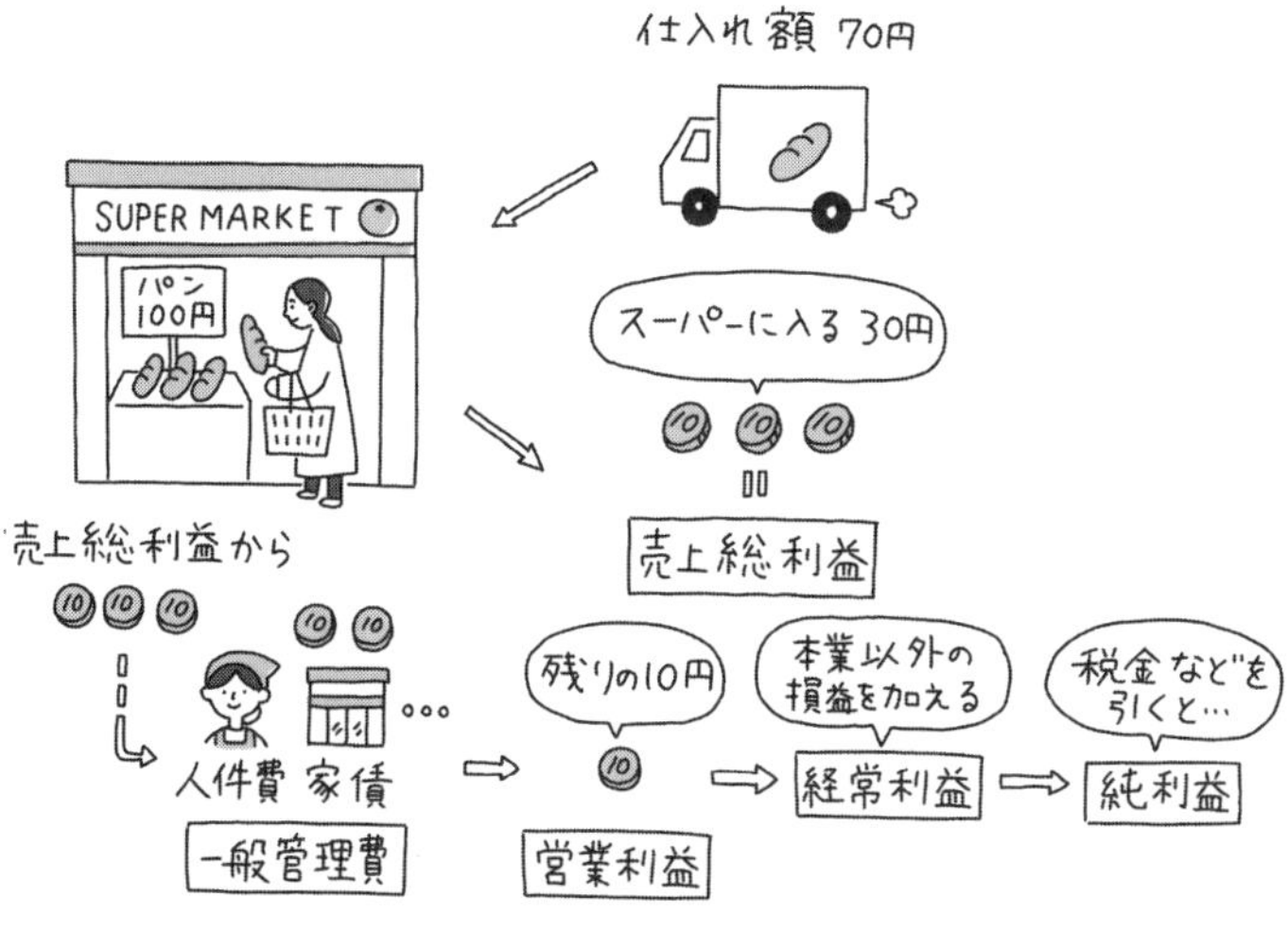

売上総利益から一般管理費を引いた金額を、「営業利益」という。

竹二　それがいわゆる利益ってやつ？

父　まだ先がある。店を出すにはお金を借りたりする必要があるね。**お金を借りたら金利を払わなくちゃならない。逆にお金がある会社は金利の収入がある。そういうお金を含めた利益を経常利益**と呼ぶ。

竹二　けいじょうりえきね。計上ではないの？

父　「計上」ではなく「経常」。会話の中では混同を避けるために「けいつね」と呼ぶこともある。まだある。会社は儲かったら税金を払わなくちゃならない。**経常利益から法人税などの税金を払った後のお金を「純利益」**と呼ぶ。これが最終的に会社が自由に使えるお金なんだ。

梅三　えーっと、**売上総利益＞営業利益＞経常利益＞純利益**、ね。

父　そうです。そして**株式市場が業績の指標として使うのは、最後の「純利益」**。なぜならこのお金こそが、企業の資産に反映されるから。

竹二　ということは売上が大きいだけでもダメ、安く仕入れるだけでもダメで、家賃や人件費も少なくしないと、利益は出ないってことだね。

父　そう。特に一般管理費のコントロールは難しいね。スーパーだと店に設備投資をしないとお客が来ないし、人件費を安くし過ぎると人が定着せずに店が回らなくなる。かといってお金を使いすぎると営業利益が出なくなっちゃう。上場しているような会社は、この辺を上手にやってるんだね。

■キャピタルゲインとインカムゲイン

父　株式投資によって投資家が得られるリターンには2種類がある。**一つは値上がり益**。これは株式を買った値段と売った値段の差によって生まれる。キャピタルゲインとも呼ぶよ。100万円で買った株を150万円で売れば50万円の利益が出る。これが値上がり益。**もう一つは配当**というものがある。インカムゲインとも呼ばれる。これは持っている株数に応じて一株当たり何円というふうに払われる。

竹二　セブンの話でも出たね。でも配当っていまひとつイメージがわかない。

父　利息のようなものだと捉えるといいよ。年間3％の配当ならば、100万円分株を買うと3万円もらえるということ。

梅三　1万円貸して、年にたった300円？

父　バカ言っちゃいけない。いまの時代に年利3％は立派な金額だよ。銀行に預けてたら利息は1円未満だよ。でももし1億円分の株を持ってたら、配当金だけで300万円、税金を20％[※14]払った後でも240万円になる。贅沢しなければ1年間それだけで生活できるよ。

竹二　1億円持っていれば、の話でしょ。

父　だからいまのうちから株式投資をよく勉強して、配当だけで暮らせるくらいにしっかり資産を増やしていこうじゃないか。実際のところほとんどの人はそんなに資産を持っていないから、大抵の人はキャピタルゲインを狙って投資する。それに企業にとっても配当金を払うのは美味しくないんだ。特に若い企業にとってはね。

竹二　単にお金が出ちゃうだけだから？

※14　厳密には現在20.315％。小数点以下の部分は復興特別所得税として、東日本大震災からの復興のための施策の実施に充てられる。

父 もし配当せずにそのお金を会社が使ってもっと儲けられるんだったら、その方がいい。だって利益が増えれば株価が上がるから。配当金を払うというのはその分投資に回せるお金が少なくなるということ。それに配当金は純利益、つまり税金を払った後に残ったお金から支払うから、節税メリットもない。さらに、配当金を貰った方も税金を払わないといけない。会社も投資家もキャピタルゲインと比べたら得が少ないんだよ。例えばアマゾンは長いこと一度も配当を払わなかった。それどころか、経常利益をずっと赤字にしていた。赤字ならば税金を払わなくて済む。利益を出して税金払ってお金が減るくらいなら、将来もっと利益を出せるチャンスに対して先行投資をどんどんした方がいいという考えなんだ。一般の株主も皆それに同意していた。それが株価が上がった理由の一つでもある。

竹二 アップルは四半期配当を始めたって出てたよね。

父 それがアップルのすごいところだね。一般論としてどんなビジネスもいつかは成長が止まる。例えばうちの近所だけに限った牛乳配達のビジネスがあるとする。対象市場は3万人。最大でも1日3万本で頭打ちになる。

竹二 1日2本はいらないもんね。他の物を売るとか。

父　そういう成長策もあるけど、それも近所の3万人を範囲にしている限りはどこかで限界が来る。ということは利益が伸びなくなる。

竹二　すると株価は上がらない。

父　でも下がりもしない。毎日3万人に牛乳を届けるビジネスは、天変地異がない限り続く。そして毎年同じだけ利益が出る。そういう会社は配当しなければ株価を維持できない。かなり単純化した例だけど、イメージはわかるかな？

竹二　何となく。

父　では、今回はここまで。

まとめ

■ 企業経営で利用される主な利益は、**売上総利益＞営業利益＞経常利益＞純利益**である。このうちEPSの計算には純利益が使われる。
EPS＝純利益÷発行済み株式数

■ 株式投資のリターンには、**キャピタルゲイン**（株式の値上がりによる利益）と、**インカムゲイン**（配当による利益）の二つがある。

COLUMN

就職先はどう選ぶか？

この質問への答えはカンタンだね。この講座の中で何度も話してきたことと同じだから、君らにももうわかってるんじゃないのかな。

答えは成長期待の大きい会社。

成長している会社では、何でも新しく作り上げていかなきゃならないから面白い。若いうちから責任のある仕事を任せてもらえるし、給料の伸び率も高い。

本書で述べている通り、ビジネスにはライフサイクルがある。だからいまは成長期待があるように見えても実はもう衰退期に入っていることも十分にありうる。でも経営者が優秀だったら、自ら金の生る木を壊すぐらいして新しいビジネスを興し、会社を再び成長軌道にのせることだってある。富士フイルムはほぼ市場がゼロになってしまった銀塩写真ビジネスからケミカル事業にシフトして過去最高益を更新し続けているし、マイクロソフトはスマホビジネスで出遅れたけど、クラウ

ドサービスで再び成長軌道にのることができた。任天堂もソニーも、一時は儲からなくてあがいていたけど、このところ業績がずっと上向き傾向が続いている。

やりたいことがなくても構わない、大学に入ってから見つければいいと話したね。これは真実だけれども、**中高生の時点からやりたいことを見つけるヒントを探すことはできる。これが、実は株式市場と付き合うことと密接につながっている。**

例えば第2講で触れた、世界や日本の時価総額ランキング上位の会社について調べてみる。一体何をやっている会社で、なぜ儲かっているのかは、メディアの記事やアナリストのレポート、会社が提供しているIR資料を読めばかなりの程度わかると思う。その中に、一つくらいは興味を持てる会社が見つかるんじゃないかな。

会社を調べるうえで外せないポイントがある。それは**「そのビジネスの利権は何か」**ということ。時価総額トップクラスに君臨する会社は必ず利権を持っている。利権って言うと、ちょっと政治的に聞こえるかもしれないね。言い方を変えると、例えば技術やブランド、規模とかの組み合わせのこと。他が絶対にマネできない、よほどのことがない限り追いつけない何かのこと。例えば世の中のほとんどのクレジットカード決済はビザやマスターのシステムを通る。誰かがカードで支払いすると、これらの会社に手数料がチャリンと落ちる。競合としてアメリカン・エキスプレスや日本のＪＣＢなんかがあるけど、ビザやマスターの2社の背中は全く見えない場所にいる。丸亀製麺のうどんは美味しいけど、美味しいだけのうどん店はいくらでもある。だけど全国に８００店以上もあって、同じ品質のうどんを提供している。安さも、これだけの店舗数があるから実現できる。たくさん仕入れれば食材は安くなるし、同じフォーマットの店舗がたくさんあれば店の設計も簡単だし、設備も他より安く仕入れられる。

時価総額が大きな会社のどれかに魅力を感じたとして、そこで働くために何を準備するべきか。これは働きたいと思った会社の業態によるから、一概には言えない。ここは自分で考えてもらいたいところだね。もちろん個別の相談には乗るけどね。

就職活動を始める時期になってから就職情報をチェックし始めるよりも、いまのうちから株式市場と付き合うほうが、いい就職ができるのは間違いない。いい仕事ができて、いい給料がもらえて、それを上手に株式投資で運用できたら、最高の人生だよ。

第 4 講

父さんの保有銘柄

01 アメリカ株にはだいぶ儲けさせてもらった

■父さんの保有銘柄を見るところから始めよう

父　今日は父さんが実際にどういう銘柄を持っているかを見せることにする。これが父さんが使ってるオンライン証券会社のサイト。口座管理から保有証券・資産ボタンを押すと、ここに父さんがいま持ってる株が一覧で表示される。

竹二　へぇ……。俺も知ってる会社結構あるね。……え、こんなに持ってるの⁉

父　こんなに持ってると言えば持ってるし、大して持ってないとも言えるね。

竹二　すげ……。

梅三　父さんいつもお金ないって言ってるけど、嘘じゃん！

父　嘘じゃないよ。無駄遣いするお金は1円もないから。それに自分のお金の大半は事業資金として会社に入れてるから、株式投資に向けている部分はほんの一部だ。いずれにしてもお金は増える可能性のあるモノゴトに投じるのが鉄則だよ。「自分へのご褒美」とか言って余計な消費をするのはダメ。

というわけでまずいま持っている主な銘柄の話をしよう。過去5年間はほとんどアメリカ株を買っている。父さんがいま持ってる株は、ここにある通り、アクセンチュア、アマゾン、マイクロソフト、エヌビディア、ショピファイ、それからS&P500のインデックスファンド。ちなみに並び順はアルファベット順ね。この中で君らが聞いたことある会社はどれ？

竹二　アクセンチュアは父さんが昔働いてた会社だよね

父　そう。他には？

竹二　アマゾン、マイクロソフトはこの前見たよね。

梅三　俺はエヌビディア知ってる。

竹二　お、知ってんの？

梅三　うん、GPUの会社だよね。

父　その通り。さすが自分でPC組み立てて毎晩オンラインゲームやってるだけのことはあるな。

梅三 毎晩じゃないよ！

父 そりゃ悪かった。ということは君らが知らない会社はショピファイとS&P500のインデックスファンドの二つってことでいいかな。

梅三 うん。

父 まあでも、君たち中高生でも知ってる会社が、父さんが持ってる六銘柄のうち半分はあることになるね。実はこれが今日の大事なポイントの一つにつながる。

竹二 知ってる会社の株を買えってこと？

父 その通り。だけど単に知ってるってだけじゃ不十分だ。問題です。マイクロソフトってどういう会社？

竹二 ウィンドウズとかエクセルとかのソフトを売ってる会社でしょ？

父 そう。じゃ、ウィンドウズとエクセルの売上は年間いくら？　それ以外に何売ってる？

竹二 それは調べればわかると思うけど、いまはわからない。

父 そりゃそうだ。模範解答だ。じゃ、アマゾンは？

竹二 ネットショップの会社でしょ。父さんも母さん経由でいろいろ買ってもらってるし、キッチンにはアマゾン・エコーもあるし。でも売上はわからない。

父 先に言ったねぇ。ってことは父さんの言いたいことはわかったみたいだね。

竹二 「知ってる」じゃなくて「聞いたことがある」だけじゃダメってことだよね。

父 その通り。名前を聞いたことがあるってだけじゃ、株を買う理由にはならない。え、おい、梅三、君話聞いてんの？

梅三 え、あ、はい。

父 ずっと画面見てんじゃん。

梅三 だってさ、エヌビディアのとこ見るとさ、ものすごいプラスじゃん。やっぱ株も人気あるんだなと思って眺めてた。

父 もうそこまで見てるのか。やっぱ儲かってるのかどうかが気になるよな。父さんは具体的な金額の話をしたいわけじゃないんだけど、株の話をするってことはお金を増やす話をするってことだから、その話を先にした方がいいのかもな。

この保有銘柄一覧の表の見方をまず説明するよ。表の横列は、銘柄の名前、いまの一株当たりの値段、持っている株式の数、買ったときの一株当たりの値段、買った

ときに払ったお金、いまの値段で見た時の持っている株の値段、そして最後の列に、買った時と比べてどれだけプラスなのかマイナスなのかが表示されている。父さんの使ってる証券会社のサイトではマイナスは青色で表示されてるから、マイナスは一目でわかるね。で、梅三が言ったエヌビディアは、プラスマイナスで言うと、いまの時点でプラスだ。そして一番下の行を見ると、そこには父さんが持ってる株のトータルの集計があるね。ここもいまのところプラス。

梅三　すげ。父さんお金を持ってるねえ。

父　君らから見たら大金に見えるかもしれないけど、中年期の大人にとっては超大金ではないよ。この金額よりも君らの学費の合計の方がよっぽど高いわ。

竹二・梅三　すんません……。

父　それはさておき、いま持っている株のトータルではプラスになってるんだけど、中にはマイナスになっている株もある。そこでいま持ってる株を買った理由と、いまもまだ持ってる理由をこれから話すことにする。

■アマゾンはまだまだAWSを伸ばす余地がある

父　まず君らが名前を知っている株の話から始めよう。まずアマゾン。これは17年の7月に買った。買ったときの値段は一株約10万円で、いま37万円だから、ざっと3・7倍になってるね。

竹二・梅三　すげぇ！

父　アマゾンを買った理由は、これからもまだビジネスが成長すると考えたからだ。さっき竹二は、アマゾンはネットショッピングの会社だと言ったけど、実はそれだけじゃない。

竹二　アマゾン・エコーとか、電子書籍のキンドルとかでしょ？

父　それもある。だが、一番大きなビジネスはクラウドサービスだ。

竹二　クラウドサービスって？

父　詳しく説明するとそれだけで本一冊書けちゃうくらいになるから、簡単に説明すると、コンピュータのリソースを貸し出すサービス。

竹二　「リソース」を「貸し出す」？

父　これでも用語が専門的すぎるかな。もっと身近な例で話すと、コンビニに行くとレジがあるよね。レジで商品のバーコードを読み取ると、合計金額が表示されて、その金額をお客が払う。それを「取引」と呼ぶんだけど、その取引の内容はレジ本体に記録されるんじゃなくて、通信回線でつながった先の、コンビニの本部のコンピュータに記録される。

竹二　何となくわかる。

父　そのコンピュータは膨大な量の取引を記録しないといけない。日本全国にコンビニは約5万6000店舗あって、セブンイレブンだけで2万1000店舗ある。セブンの1日当たりの売上は約130億円で、お客が2100万人来る。レジの集計だけで来店客数とほぼ同数の取引を処理している。それ以外にも店舗から本

部への注文に対応したり、いろんな仕事があるから、それを処理するコンピュータのシステムはものすごい規模になる。具体的には、たくさんのコンピュータをつなぐんだけど、それがいつもちゃんと動いているか監視しないといけない。たくさんあるコンピュータの中には時々壊れるものもあるから、それを入れ替えたりとかね。それだけじゃなく使わなくなったものを廃棄する仕事もある。セブンだけじゃなく、どこの会社もデータセンターという場所を作って、こういうハードウェア運用をやっていて、それにすごいコストがかかっている。そういうビジネスをしている会社に対してアマゾンはハードウェアの運用はうちがやるから、それを借りて使ってよ、というサービスを提供している。AWS[※1]という名前のサービスなんだけどね。

竹二 「リソース」の話は？

父 そうそう。リソースは資源という意味だけど、アマゾンはAWSというサービスを通じて、アマゾンが持っているコンピュータシステムという「資源」を貸し出してるんだ。これを借りれば、会社はデータセンターを作る必要もなければハードウェアの管理をする必要もない。

竹二 なんとなくわかった。でも何でネットショッピングのアマゾンがシステムを

※1 「Amazon Web Service」の略。

貸し出すの？

父　いい質問だ。アマゾンは自分たちのネットショッピングの巨大なシステムを作り上げる過程で、上手な運用方法を発明したんだよ。それにアマゾンはクリスマス商戦みたいに取引が集中する時期にもシステムをフリーズさせることなく運用する方法もわかっている。そのノウハウを入れ込んだデータセンターを作って貸し出してるんだね。さらに、アマゾンが調達するコンピュータの数は莫大だから、一つの会社が買う値段よりもコンピュータやその関連機器を安く買える。

梅三　お菓子の大人買いみたいなこと？

父　そうそう、それ。まあ一般消費者がお店でお菓子をまとめて買っても割引はないから、メーカーに直接買いに行くイメージかな。だから一つの会社が自分たちでコンピュータリソースを買って運用するコストよりも安く、かつアマゾンも利益が出る値段で貸し出すことができるというわけ。

竹二　なんかすごい。そういうシステムを作るような会社の株は買った方がいい、ってことだね。

父　いや、まだその結論に達するのは早い。すごいシステム、すごいサービスを持ってるというだけではその株を買う理由にはならない。事実、ＡＷＳと同様のサービスを提供している会社はゴマンとある。例えばグーグルもほぼ同様のサービスを提供してるけど、20年度は赤字だった。大事なのはそのサービスがきちんと利益を出してかつ伸びるかどうかってこと。伸びるってのは、いまのお客がもっとたくさん使うようになる、新しいお客がたくさん増えるかどうか、ってこと。アマゾンの儲けは、このＡＷＳが大半で、実はネットショッピングの利益より大きいんだ。

梅三　え、マジで？　アマゾンって儲かってないの？

父　いや、アマゾンが儲かってないわけでなく、アマゾンのネットショッピングよりもＡＷＳのほうが儲かってるってこと。

竹二　だってアマゾンの商品安いもんね。

父　小売りの利益が比較的小さいのはそれだけが理由じゃないんだけど、とにかくアマゾンはＡＷＳで儲かってる。20年の決算で言えば、アマゾンの売上高に占めるＡＷＳの割合はわずか12％にすぎないけど、営業利益ベースでは63％を占める。金額にすると約１兆円だ。

竹二　へぇ知らなかった。すごいね。いままでの成績がよかったから買ったんだ。

父　いや、そうじゃない。これからもっと伸びるだろうと考えているから。

竹二　でもそれはこれまで上手く行ったから、これからも上手く行くだろうってことじゃないの？　部活だってさ、それまでの試合で結果出した人が次の試合にも出してもらえるじゃん。

父　確かに過去の実績は大事だね。もちろんそれは重視するんだけど、株に投資するときの将来の予測数字を見る。例えばいま君らも使ってるスマホね。いまの形でのスマホが生まれたのはつい14年前のことなんだけど、あっという間に広まっていまではほとんどの人が使うようになった。でも10年前は一部の人しか知らなかった。その頃にも携帯電話、いまで言うガラケーは十分普及してたんだけどね。[※2]父さんは初めて出たｉＰｈｏｎｅも、アンドロイドスマホも買って使ったよ。でも父さんみたいに新しいものをとりあえず買って試す人は世の中のごく一部だし、通信料金も高かったから誰にでも手を出せるものじゃなかった。でも通信料金が下がって、いろんなアプリが提供されて、電池の持ちもよくなり、もっと使いやすくなれば利用者は増えるだろうと、投資家は考える。そして、実際その通りになった。周りでスマホ持ってない人、いる？

※2 私が初めて購入したスマホは、ドコモから出ていたＨＴＣ社の「HT-03A」だった。電池の持ちがすこぶる悪く、端末が熱くなるなどの問題があったが、外でGmailとブラウザが使える便利さに感動したのを覚えている。日本での初代iPhoneは少し遅れて購入した。端末代は２万３００円とリーズナブルな価格だった。

梅三　いないと思う。

竹二　逆にないと困っちゃう。部活の連絡とかＬＩＮＥだし。

父　日本のスマホの普及率は67・6％。[※3]日本の人口は約1・3億人だから、ゼロから14年でそこまで普及したんだ。それでポイントはここ。スマホが世に出たばかりの頃に、これは日本国内だけで1億人にまで普及すると予測できたとしよう。これをスマホはまだまだ成長の余地がある、という言い方をする。**成長の余地が大きい市場にいる会社が、実際にそこで売上と利益を伸ばしていくと、株価は上がるんだ。**

梅三　お父さんは14年前にスマホの株買ったの？

父　そもそもスマホの株なんてものは存在しない。正しく言うとスマホ関連のビジネスを営んでいる会社の株ってことだよね。代表的なのが世の中で最初に現在のスマートフォンを世に送り出したアップル。

竹二　時価総額ナンバーワンね。

父　そう。成長の余地が大きい市場にいる会社が、実際にそこで売上と利益を伸ばしていくと、株価は上がると言ったけど、アップルは実際にそうなった。で、ス

※3　総務省「情報通信機器の保有状況・第2部　基本データと政策動向」より。https://www.soumu.go.jp/johotsusintokei/whitepaper/ja/r02/html/nd252110.html

マホのビジネス、というかスマホ本体に話を絞ろう。スマホ本体の販売台数はこれからどうなると思う？

竹二　うーん。さっきの数字で行くと日本で2／3の人がスマホを持っちゃってるから、いままでほどは伸びないと思う。

父　それは父さんも同意見。すると買い替え需要に頼ることになるね。どれくらいのタイミングで皆買い替えるんだろう？　梅三、わかる？

梅三　わからないけど、2、3年に一回とか？

父　父さんもそれくらいの気がするけど、調べてみよう。梅三、どう？

梅三　「大手携帯電話会社では、2年間利用することを前提とした契約が多いので、そのサイクルでスマホを買い替えるのが一般的というイメージがあるのかもしれません。……調査結果によると、スマホ買い替えまでの平均年数は3～4年」※4と書いてある。

父　仮にいまの保有者が3年に一回買い替えると、毎年スマホが3000万台売れることになる。加えて、仕事用に別のスマホを持っている人もいたりするから、実際はもっとたくさんのスマホが毎年売れる。数字を調べてみると、さっきの頭の

※4 LINE MOBILE「そろそろ変えたい！スマホ寿命はどれくらい？長く使うコツ&寿命が近づいているサインとは」2021年7月8日掲載。https://mobile.line.me/guide/article/29987124.html
調査結果は、内閣府「消費動向調査」平成30年3月調査。

中の計算通り20年は日本で3000万台売れたみたいね。

梅三　それでも3000万台は巨大だね。

父　そう、ものすごく大きな市場だ。でも株式投資の観点で見ると株価が上がるという予測は立てづらい。よくて横ばい。なぜなら株価は会社の将来の伸びに期待して上がっていくからなんだ。

竹二　過去の実績だけじゃない、っていうのはそういう意味か。

父　そうなんだ。繰り返しになるけど過去の実績はこれからの株価に関係ないんだ。アマゾンの話に戻すと、父さんはアマゾンのAWSはまだまだ伸びる余地があると考えた。日本国内でもクラウドサービス自体を使っていない会社がたくさんあるし、進出していない国もある。それにAWSと同じようなサービスを提供している会社もあるけど、さっきグーグルを例に挙げたようになかなかアマゾンに勝てない。AWSは競争相手よりも値段が高いのに選ばれているのは、理由があるんだよ。

だからアマゾンの株を買った理由は、営業利益の大半を占めるAWSがまだまだ伸びる余地があると考えたから。それに他にも発展途上のサービスが世の中に受け入れられてくれれば、プラスアルファも期待できる。そして、父さんが持ってる他の株を買ったのも、全部同じ理由、つまり自分がユーザとして利用していて手触り感があり、かつこれから市場が広がる可能性があると考えているからなんだ。

■マイクロソフトへの期待

父　父さんの保有銘柄リストに戻って上から順番に行くと、アクセンチュアは企業向けのITサービスの業界で断トツのトップ、一人勝ち状態が続いている。コロナのパンデミックで企業のDX[※5]投資がさらに加速すると考えてコロナになってから買い直した。マイクロソフトの株を買ったのはアマゾンと同時期の17年の夏。一時マイクロソフトはあんまり魅力的じゃないように見えた。タブレットやスマホシフトで、PCの需要が頭打ちになって、モバイルのビジネスも完敗した。だけどAWSの競合に当たるサービスAzure[※6]（アジュール）が伸びてきている。買うきっかけになったのは、オフィスソフトのサブスクリプションを利用し始めて、これがうまくいくだろうと予測したから。

竹二　どういうこと？

※5 Digital Transformationの略。ITの浸透が人々の生活をあらゆる面でより良い方向に変化させることを意味する。

※6 マイクロソフトの管理するデータセンターを通して提供されるクラウドコンピューティングサービスである。

父 まずね、オフィスソフトってのは、エクセル、ワード、パワーポイントなんかのソフトウェアの総称。昔はマイクロソフトは本当にPC市場の独占的プレーヤーだった。つい30年前まで会社のデスクには紙と鉛筆、それに電卓くらいしかなかったんだけど、20年前くらいで社員に一人一台PCが与えられるようになった。それでこれまで紙に手書きしていたいろんな書類をPCで作るようになり、そのために必要なソフトがエクセルやワードだった。

梅三 エクセルとかワードとかがわからない。

父 おお、そうか。そうかもね。学校で使ってるのはクロームブックだものな。家のPCにもインストールしてないし。クロームブックで言うと、表計算の「スプレッドシート」が「エクセル」、文書作成の「ドキュメント」が「ワード」、プレゼン資料作成の「スライド」が「パワーポイント」。

梅三 それならわかる。

父 実はエクセルやワード以外にもPC上で動くオフィスソフトって、過去には他にもいくつかあったんだ。表計算の「ロータス1-2-3」とか、文書作成の「一太郎」とか。でも全部駆逐されてマイクロソフトのオフィスが一人勝ちになっちゃった。ビル・ゲイツはさしずめ戦国時代を制した徳川家康みたいな人。ウィンドウズOSとオフィスソフトでビジネス界のPCを席巻してしまった。

竹二　参勤交代とかあったりして（笑）。

父　冗談じゃなく、参勤交代的なことはあるよ。マイクロソフトの取引先にライセンスを付与して、ランク付けや褒章を与えたりして、取引先をお金でがっちり結び付け、自分たちから離れられないようにした。競合が出てくるとすぐに嫌がらせしたり、場合によってはつぶしたりね。

竹二　ひどい。

父　大きな事件の一つはブラウザかな。ブラウザが出たての頃はお金を払って買うソフトウェアだったんだけど、マイクロソフトは「インターネットエクスプローラー」という名前を付けてウィンドウズとセットで追加の費用無しで使えるソフトにしちゃった。それでブラウザ開発メーカーは駆逐されちゃった。とにかく最強になったマイクロソフトは帝国が長く続く仕組みを運用してたんだ。それによってマイクロソフトは世界最大の会社になり、創業者のビル・ゲイツは世界一の大富豪になった。

竹二 ＰＣが一人一台に普及していくあたり、さっきのスマホの話と似てるね。

父 そう。スマホの前には携帯電話市場でスマホと同じような成長があった。でも携帯電話はスマホにほぼそっくり入れ替わった。そしてマイクロソフトにも携帯電話と同じような危機が訪れる。きっかけはグーグルの台頭とスマホの普及。これでマイクロソフトは長いこと苦戦した。特にグーグルにはクロームブラウザにシェアを奪われて、オフィスソフトも個人利用や若い人の間ではブラウザ上で動くオフィスソフトである、グーグルのスプレッドシートやドキュメントを使うようになった。何しろ無料でほとんどマイクロソフトのオフィスと同じ機能が使えるからね。

梅三 俺、それしか使ったことない。

竹二 俺もそうだわ。

父 だけど、父さんみたいに仕事で使ってる人は、マイクロソフトのオフィスが必要な人も多い。その理由は取引先が使ってるから。マイクロソフトのオフィスで資料を作ることは一時期、横書きの日本語を右から左に書くくらい当たり前のことだった。

竹二 え、左から右じゃなくて？

父　いや、右から左。横書きの日本語を左から書くようになったのは戦後のこと。

梅三　右から左に書く文章なんて見たことないけど。

父　もともと日本語は縦書きオンリーだったんだよ。いまでも縦書きの本は右から左に開いていくでしょ。新聞も同じ向き。その流れで横書きも右から左だったんだ。

竹二　へぇ、知らなかった。

父　それはさておき、いま働いている30代以上の人たちにとってはマイクロソフトのオフィスが当たり前だった。だから大きい会社や役所の上の人たちが、グーグルのソフトはタダだからそっちを使うようにと言っても、働いている人には何のメリットもない。せっかく使い方覚えたのに替えるのはめんどくさいし、自分たちにメリットがあるとは思えない。それに過去に作った膨大な資料がマイクロソフトのオフィスで作られているから、それらを見ようとするとやっぱりマイクロソフトのオフィスがいる。オフィスは結構高いんだけど、会社は買わざるを得なかった。5万円とかしたからね、一ライセンス当たり。

梅三　高いねぇ。

父　高いよ。さらに2、3年おきにアップグレードしていって、買い替えさせられるし。だけど、サブスクリプション型になって、ちょっと流れが変わるかもと、父さんは直感的に思ったんだよね。

竹二　サブスクリプションって、サブスクのことだよね?

父　そうか、サブスクという言い方のほうが君らにはなじみがあるか。いままでずっとソフトを一括払いしなければならなかったのが、月額払いになった。ユーザは毎月一定額を払えば、グレードアップしてもいちいち買い替える必要もなく、常に最新版を使えるようになった。さらにマイクロソフトのその他の企業向けシステムから必要なものだけ買って組み合わせることもできるようになった。それもいままでよりもずっと安い値段で。

竹二　いくらくらいなの?

父　一番安い個人向けのプランで月に[※7]1300円くらい。

梅三　5万円と比べたら安いね。

父　安い。父さんが会社で使ってるのはもう少し機能が充実したプランだけど、

※7 マイクロソフトのホームページより。https://www.microsoft.com/ja-jp/microsoft-365/buy/compare-all-microsoft-365-products?tab=1

それでも月額2180円。このサービスに移行してしばらく使っているうちに、これでマイクロソフトはまた伸びるかもと思ったんだよね。だっていままではアップグレードするたびに宣伝して、企業の情報システム部にはマイクロソフトの営業が訪問して、注文取ってこないといけなかった。実際にすべての会社が毎回アップグレードをするわけでなく、サポート期限切れギリギリまで使う会社もあった。ブラウザベースのオフィスで挑んでいるグーグルは既に過去のマイクロソフトオフィスで作られた文書を開いて編集できる機能をユーザに無料で提供してるから、更新のタイミングで「もういらない」って言われちゃうかもしれない。でもサブスクにしたらめったなことでは解約しない。なぜなら企業は予算で動いているからね。

竹二　どういうこと？

父　企業は毎月決まった額を支払うのは問題ないんだけど、都度払うお金はいちいちそれが必要かどうか検討して、払うかどうか決めないといけないんだよ。例えばお風呂毎日入るでしょ。風呂入るたびに一回50円とか言われたら、どう？

竹二　それは嫌だなぁ。自腹ってこと？

父　さすがに自腹はないけど、月に1500円お風呂代渡すから、毎日風呂入るたびに50円払ってって言われたらどうするだろう。風呂入る回数減らそうとか、父さんだったら考えるね。

梅三　冬はお金貯まるかも（笑）。

父　父さん自身も風呂代一回いくらなんて、いままたま思いついただけで、普段は全く考えない。でも水道代とガス代として毎月まとめて払ってるんだよね。そんでもって自動的に銀行口座から引き落とされるから、正直いくら払ってるか普段は全く気にしない。何が言いたいかっていうと、マイクロソフトは企業にとってのオフィスソフトのコストを水道代みたいにしちゃったってこと。

竹二　頭いい！

父　ほんとだよな。それでマイクロソフトがオフィスのサブスクを始めてしばらくたった後に、それと、クラウドサービスが伸びているという記事を読んで、これはまだ伸びる余地があるだろうと思った。それで17年にいくらか株を買った。

竹二　俺もアマゾンとかマイクロソフトとかの株買おうかなぁ。

父　気持ちはわかるけど、もう少し辛抱して、これからする話を理解してほしい。

竹二　あとどれくらい続くの？

父　ページ数数えればわかる、ってのは冗談。じゃあ、次の銘柄。ところでアマゾンやマイクロソフトみたいに詳しく説明していると時間がどんどん経っちゃうから、その先は要点だけにするね。

まとめ

- 2021年3月時点での保有株は、アクセンチュア、アマゾン、マイクロソフト、エヌビディア、ショピファイ、加えてS&P500のインデックスファンド。各銘柄を保有している当該時点での理由は次の通り。
- アクセンチュア：官公庁や大手企業のDXサービス提供の一人勝ち状態がこれからもしばらく続くと予測。
- アマゾン：競合から頭一つ抜き出るAWSが今後も売上・利益ともに伸びると予測。
- マイクロソフト：オフィスソフトのサブスクリプションで収益が底堅く、Azureも伸びると予測。

02 GAFAM以外にも面白い銘柄がある

■GAFAM以外にも魅力的な銘柄はたくさんある

父　次はエヌビディアを見てみよう。これは梅三も知ってる通り、GPUを作ってる会社ね。GPUは何に使われてる、梅三？

梅三　パソコンでしょ？　ゲームとかのグラフィックを速く動かすためのチップ。

父　そう、正解。他には？

梅三　パソコンで動画を編集するなら、いいGPUを入れた方がいいって聞いたことある。

父　そうだよね。父さんもプレミア・プロ[※8]で動画編集するとき、だいぶ前に[※9]GTX 1050が載ってるPCに買い換えたらものすごく速くなった。でも動画

※8 Adobe社が提供する動画編集ソフト。

※9 エヌビディアが販売するGPUの製品名の一つ。

編集するのはあくまでPC上の話で、他には、ってのは個人が使うPC以外で何に使われるかって質問。

梅三　わからない。

父　それは例えば人工知能。

竹二　へぇ、人工知能にもGPUが使われるんだ。

父　他には、最近話題のビットコインのマイニング。

梅三　ビットコインもそうなんだ。父さんビットコイン持ってるの?

父　ビットコインは持ってない。ビットコインそのものの話はまたいつか。

竹二　でもさ、GPUはグラフィックを早く動かすためのチップだって父さん言ったけど、それと人工知能やビットコインと何の関係があるの。

父　おお、いい質問だ。エヌビディアの話は一分くらいで済ませようと思ってたんだけど、説明すると長くなるぞ。いい?

竹二　なるべく簡潔にお願いします。

父　なんだそりゃ。じゃ、最低限のポイントだけは押さえていこう。GPUの前にまずCPUの説明から。これはコンピュータの脳に当たる部分で、ものすごく高度な計算能力を持っている。高度な計算とは例えば、「Aの計算をしたらBの計算をして、結果によってCやDの計算をする」といった複雑な条件分岐を含む計算ね。こんな計算を連続して早く処理するためのものがCPU。ところがグラフィックの処理には複雑な条件分岐のある計算は必要がない。

竹二　どういうこと？

父　例えばJPGの画像を例について考えてみよう。あれは細かい点の集まりでできている。スマホのカメラの解像度がどれくらい、みたいな話をしたことあるよね。解像度が高いからきれいとか何とか。

梅三　うん、ある。

父　梅三がこの前買い換えたスマホのディスプレイの解像度わかる？

梅三　フルHDだったと思う。

父　フルHDを数字で表すといくつ？　何とか×何とかみたいな表現で。

梅三　1920×1080、だったかな。

父　さすがゲームオタク。その通り。

梅三　オタクじゃないよ！

父　茶化して悪かった。1920×1080はどんな意味かというと、横に1920個、縦に1080個の点が並んでいるということ。ディスプレイにはその点、この世界では「画素」とか「ピクセル」と表現することが多いけれど、一つひとつの画素をそれぞれ独立した色で光らせることによって、画像が表現されている。

梅三　学校で点描画やった時に、先生が同じような話をしてた。

父　そう、それと同じ原理。ちなみに1920×1080は207万3600、100万はメガという単位で表されるから、約2メガピクセル。200万画素とも言うね。ちなみに、現在主流の液晶テレビの画素数はこの解像度、つまりフルHD。24インチだろうが、50インチだろうが、このピクセル数。

同じピクセル数で画面の大きさが違うと、見え方がどう変わると思う?

梅三　大きい画面だとあんまりきれいに見えない。

父　粗く見えるよね。逆にスマホの画面で見れば精細な画像に見えるよね。

梅三　YouTubeの動画も、スマホで見るときれいなのに、テレビで見るとあんまりきれいじゃないもん。

父　つまり単位面積当たりの画素数が多ければ多いほど、より精細な画像の表現が可能になるってこと。そこで出てきたのが4Kテレビ。あれは画素数が縦横それぞれ2倍ずつあって、掛け算すると4倍。単位面積当たりの画素数が4倍のディスプレイってこと。で、ディスプレイで表示される画像は点の集合体だという話に戻ると、例えば白い背景に三角形を表現するとする。そして線の部分を拡大すると、こんな感じの図になる(図表28)。

梅三　周りにいくにしたがってグレーになってるね。

父　そうなんだ。それぞれの点では16進数で表現される。白はFFFFFF、黒は000000。光の三原色って習ったよね。

竹二　習ったなぁ。でも何だっけ?

図表28　グラフィックス処理の流れ

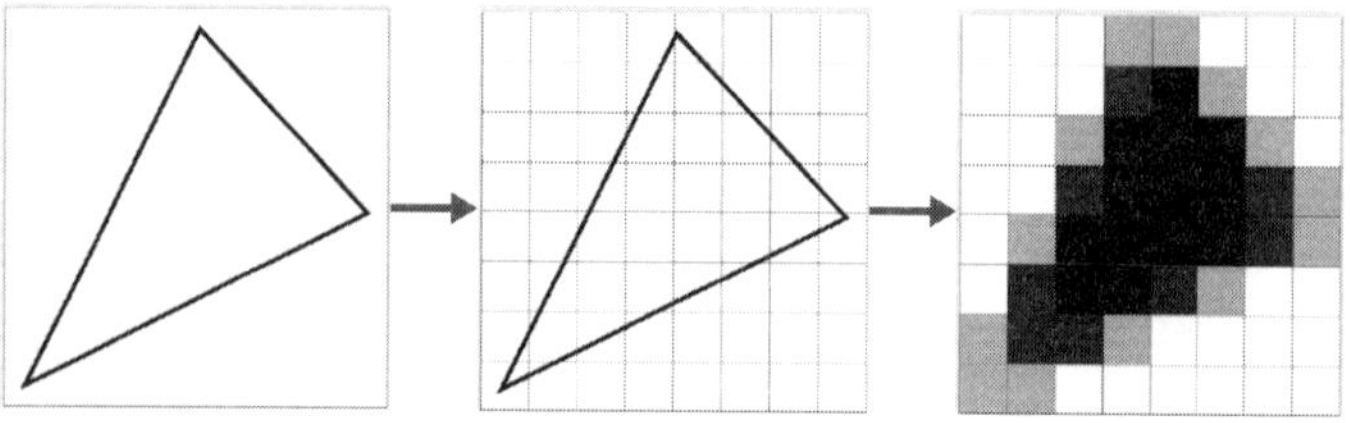
三角形の情報を取得して形状を確認する
ディスプレイのピクセル（ドット）と三角形を対比させる
色・濃度・陰影をピクセルごとに計算する

出所：「GPUの基礎解説：用途は画像処理からAI開発へ、NVIDIAとAMDの動きは?」ビジネス+IT　https://www.sbbit.jp/article/cont1/37641

父　ヒントはＲＧＢ。

梅三　えーっと、Ｒはレッド、Ｇはグリーン、Ｂはブルー。

父　正解。もともとディスプレイのドットは黒だから、光の出力がゼロならば黒に見える。だから000000。つまりどの色の発光もゼロということ。ＲＧＢ全てを混ぜると白になるよね。これを表現するとＦＦＦＦＦＦ。Ｆというのは、16進数を表現するときに９の次はＡＢＣＤＥＦと続くから全部Ｆと表現する。さらに、６桁の英数字は頭から２ケタずつ、ＲＧＢそれぞれの色の強さを表している。だからＦＦＦＦＦＦはＲＧＢの三原色を全て最大限の強さで発光させた状態を意味する。

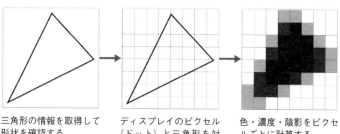

梅三　ウェブページ作るときの色指定数字って、そういう意味だったんだ。

父　試しに、FF0000と指定すると……。

梅三　赤だ。

父　同様に、00FF00は緑、0000FFは青になるね。

梅三　ホントだ。

竹二　この組み合わせで色を表現しているのか。

父　左様。フルHDサイズのディスプレイに何か画像を表示させようとすると、ピクセル単位のRGB色指定の処理が200万回同時に行われていることになる。

梅三　これ、一瞬でやってるの？

父　そう、ただ厳密には順番にやってるんだけど、人間の眼には一瞬に見える。さらに、動画となるともっと大変になるよね。動画ってのはパラパラ漫画、教科書の隅に書いてるアレと同じ原理なんだ。フルHDの動画は30fps[※10]、つまり1秒間に30枚の画像が置き換わってる。ということは1／30秒に1回ずつ、200万個のピクセルの色をそれぞれ独立して変える処理がコンピュータの中で行われてるってこと。

梅三　複雑そう。

※10　Frames Per Second

父　いいこと言ったよ。この処理は実は複雑ではないんだね。単純なんだ。だけど処理回数が多く、かつ同じことを同時にやらなきゃいけない大変さがある。そこでGPUなんだね。CPUはさっき言ったように条件分岐が複雑な計算をするために作られているんだけど、GPUは単純な計算に特化している。しかもそれを並列処理できるうえにCPUより安い。グラフィックの処理にGPUが使われる理由はわかった？

竹二　まあ、だいたい。

梅三　俺も。

父　それで、人工知能の中でも特に機械学習の領域や、ビットコインのマイニングにGPUが使われるのも、大まかに言えば単純な処理を短い時間でどれだけたくさんやるかが勝負だから。そんでもって、父さんがエヌビディアに一番期待しているのは、GPUは自動運転にも使われるから。

竹二　そうか、処理的には動画の表示と逆なだけだもんね。

梅三　逆ってどういうこと？

竹二　カメラが撮影した画像を読んで、そこに映ってるものが何かを解析するのを、連続でやるってことかなって。合ってる、父さん？

父　その通り。自動運転はまだ研究段階ではあるんだけど、実用化の道筋はだいたい立ってると見ていいと思うんだ。自動運転にはGPUが使われ続けると仮定すると、日本だけで年間300万台以上の車に搭載させることになる。世界で見ると1億台弱。ものすごい数のGPUが搭載される。いまのところエヌビディアはGPUの市場ではトップだから、伸びるんじゃないかと思ってる。だから持ってる。

竹二　これ。すごいね。楽しみかも。

梅三　父さん、詳しいよね。

父　ああ、そこ大事なポイントです。後で触れようと思ったけど、いまそれについて話そう。言うまでもなく父さんはありとあらゆることについて詳しいわけじゃない。むしろ知らないことの方が多い。でも仕事や日常生活と関係してたり、興味があったりすることの中には、それなりに詳しい分野もある。そういう分野の株しか父さんは手を出さないようにしている。この考え方は別に父さんのオリジナルじゃなくて、株式投資の基本動作としていろんな人が言ってることなんだ。

竹二　梅三はゲーム詳しいから、ゲーム会社とかの株買えば？

父　そういうの、いいと思うよ。いま持ってる株は全部、その会社のビジネスをよく理解してるか、自分が使ったことあるかのどちらかなんだ。

■ショピファイは低コストで拡大する仕組みを持っている

父　次はショピファイね。これはオンラインストアのシステムを提供している会社。18年にサービスを自分のビジネスで使ってみて、これはいいと思った。いまも使い続けてて、日々進化しているのを体感してる。株を買ったのは19年。これは3倍になってるね、いま。

梅三　おー、ホントだ！

父　カナダ発祥の会社なんだけど、いろんな言語に対応しているから世界のほとんどの国で使われている。でも日本ではまだ評判が良くないんだよ。

竹二　どうして？

父　表示の日本語が翻訳っぽいとか、住所の並びが逆だとか、データをダウンロードするときに文字化け[※11]するとか、日本で主流の決済サービスに対応していないとか、例えばそんなところ。

※11 Shopifyからダウンロード可能なファイルのデフォルトの文字コードは UTF-8 であるため、文字コードがShift-JIS であるウィンドウズＰＣのソフトウェアで開くと文字化けする。

竹二　じゃあ、ダメじゃん。

父　ダメと言えばダメなんだけど、ダメにもレベルがあるじゃない。根本的なダメと表面的なダメ。表面的なダメは解決できるんだよ。さっき挙げたダメポイントは、父さんから見ると表面的なダメで、大した話じゃない。父さんは、一応昔プログラマーの端くれだった。新入社員当時アクセンチュアは全員プログラマーからキャリアをスタートした。父さんはプログラマーとしては中の下のレベルだったけど、その程度の人間でも、いわゆる「使いにくさ」の部分のほとんどは自分で改変できる仕組みが用意されている。父さんレベルのスキルでも直せる程度のことを日本のユーザが不満に思ってるってことは、逆に言えばまだ伸びしろがあるってことじゃない。だって問題ははっきりしていて、直せば使ってくれるんだから。だから日本でももっとたくさんの人が使うようになるだろうし、英語圏以外の国でも同じ状況だと思うんだよね。

竹二　でも何で自分で直したの？　直るまで待ってればいいじゃん。

父　根本的な部分の魅力が大きかったから。直してでもすぐに使った方がいいと思った。

竹二　何が魅力だった？

父　一番の魅力の一つは利用料金が安いこと。基本料金も安いし、売れた時の決済手数料も安い。もう一つは機能が充実していること。と言っても基本機能以外を使おうとすると別途お金を払わないといけないんだけどね、それも安い。

梅三　安いって、いくら？

父　基本機能が月額3000円ちょっと、その他の機能はピンキリで月額100円のものもあれば1万円のものもある。

梅三　それ、安いの？

父　小遣いの範囲で考えたら高いよね。でも同じようなシステムはもっと高いよ。自分で作ろうと思ったら億単位だし。

梅三　そんなにかかるの？

父　そうだよ。億どころか、数十億かかるよ。それを月額数千円から使わせてもらえるなんて、こんなにありがたい話はない。それからもう一つ、大事な点があるんだ。ショピファイは基本機能以外の機能を「アプリ」という名前で提供している。そういうアプリがいまの時点で900以上用意されているんだけど、これはサードパーティが作ってる。

竹二 それ何?

父 直訳すると第三者。つまりショピファイ以外の他の会社が作って運営しているということ。アプリを作る会社はショピファイの開発標準に則って文字通り好きなアプリを開発することができる。ユーザがそれを気に入ればお金を払って買う。そのお金はショピファイが受け取って、手数料を引いた金額をサードパーティが受け取る。

梅三 アップストアみたいなこと?

父 かなり近いね。この仕組みの何がいいかっていうと、ショピファイは追加アプリを開発するための人員を雇わなくていいから、固定費が少なくて済む。アプリが流行るかどうかはユーザ次第だから、人気が出なかった場合はアプリ提供会社だけが損する。ショピファイは個々の追加アプリがうまくいかなくても損はゼロで、人気が出た時だけお金が入る。これはショピファイにとってはとっても美味しい。

竹二 でもサードパーティは搾取されてる感がある。

父 そうとも言えないよ。発想力と技術力はあるけど、売るのが苦手な開発会社にとってはショピファイとのコラボは魅力的だよ。確かにアプリが売れなかったらマイナスだけど、人気が出れば結構美味しい。何しろショピファイは19年時点で82万店のアカウントがあって、いまもまだ伸びてるからね。追加アプリは26万本インストールされていて、それらが安定的[※12]にショピファイに収益をもたらしている。

梅三　ものすごい数だね！

父　でしょ。ショピファイがお客を増やしてくれるから、そこはアプリ会社は考えなくていい。苦手なことをしなくて済むからいいアプリづくりに注力できる。というわけで、ショピファイは追加機能の開発をゼロコスト、ノーリスクで外注し、それがショピファイ自身の魅力を高めているんだよ。という訳で、ショピファイの株を買った理由は以上ね。あ、言い忘れた。ショピファイには、各ネットショップがモノを売ると、手数料がチャリンと入ってくるようになっている。

竹二　抜かりないなぁ。

■インデックスファンドで市場全体の成長の果実を得る

父　最後に、それからS&P500のインデックスファンドについて説明する

※12 Shopify Statics2021 : UPDATED Facts ; Market Share & More
https://acquireconvert.com/shopify-statistics/

よ。まず「インデックス」とは「指標」という意味だけども、指標を説明する前にS&P500について見てみよう。日経平均のアメリカ市場版と考えてもらえばいい。ともにアメリカ市場を代表する会社の株式が指数化されていて、これで市場全体の動きを見ることができる。

•S&P500：ニューヨーク証券取引所とナスダックに上場している銘柄から代表的な500銘柄の株価を浮動株調整後の時価総額比率で加重平均し、指数化したもの。1923年スタンダード&プアーズ社の前身となる企業が26業種・233の企業を含む複数の指数を開発したのが始まり。500社になったのは1957年。構成銘柄はあらかじめ定められたルールに従っている。

父　父さんが持ってるインデックスファンドは、これらの「指数」つまりインデックスと連動して価格が変動するように作られている。だからこれは個別銘柄を買うというより、アメリカ市場の中の選ばれた銘柄を一つの銘柄と捉えて、それを小分けにされたものを買ってるというイメージになるよ。

梅三　これも増えてるね。

父　いまのところはね。ここ数年アメリカ市場は伸びてきたんだけれど、コロナ禍が始まってからは、いったん大きく落ち込んだ後さらに伸びた。基本的にアメリカが世界の経済の中心である状況はこの先も続くと父さんは考えている。資本主義経済が世界に広まってそれが伸びれば伸びるほど、アメリカがきちんと儲かるように世界の仕組みを築き上げてきた。ロシアや中国がそれに対抗しようといろんな策を講じてるけど、長きにわたってアメリカが綿密な戦略の下で構築してきた利権はちょっとやそっとじゃ揺るがない。さらにコロナ禍でアメリカ政権は大量のドルを配って経済を支えた。それが株式市場に与える影響は大きいと思う。例えばさ、友達から聞いたんだけど、シアトルでラーメン屋を2店経営している日本人がいてね。ラーメン屋っていっても一杯20ドル。

竹二　高！　日本の倍以上だね。

父　アメリカの大都市のラーメンの値段としてはそれくらいで普通らしいね。それはともかく、コロナ禍の政府の援助が一店舗当たり6000万円出たらしい。2店舗で1億2000万円。

竹二　これ、全部もらえるの？

父　いや、それほど甘くはないけど、PPP[※13]というプログラムで、従業員一人当たり最大いくらという枠の中で政府がお金を貸してくれる。だけど解雇せずに給与として支払った分は返済しなくてもいいというシステムだ。日本でも雇用調整助成金の拡充という、似たような仕組みを導入してるけど、アメリカの方が手厚い。加えて個人にも給付金を配ったことで、それらのお金の一部が株式市場に流れ込んでいる。だからアメリカ株の上昇の理由の一つは政府が配ったお金だという見方をする人が多いね。

竹二　皆が買うから上がると。

父　それによってアメリカ株のPERが上昇しているという点も確かにある。だけどアメリカの企業業績はいいんだよ。全体としてコロナ禍でも利益を増やしている会社が多い。加えてバイデン政権が600兆円規模の経済対策を実施すると言ってるから、経済は当面良くなる公算が高いと、個人的には思うね。そんな理由でS&P500のインデックスファンドを持っている。というわけで父さんが持っている主な銘柄の説明は以上です。

※13 Paycheck Protection Program。給与保護プログラム。

まとめ

■アクセンチュア、アマゾン、マイクロソフト、エヌビディア、ショピファイ、加えてS&P500のインデックスファンドを保有している。2021年3月時点での保有の理由は次の通り。

■エヌビディア：GPUの需要が今後さらに伸びていくと予測。

■ペイパル：ECとオンライン決済の拡大がこれからも続き、シェアを維持すると予測。

■ショピファイ：ECサイトのプラットフォームとして現時点で最も魅力が高く、これからシェアを伸ばしていくと予測。

■S&P500：そもそもアメリカ経済は中長期的に伸びる可能性が高い上、コロナ禍における政策の影響で株価が上がりやすい状況があることによる。

COLUMN

同じ高校の同級生のなかで20年後格差が開く理由

これは努力する人としない人の日々の差が積み重なった結果である……と単純には言えないんだよね。個人の努力よりもどの業界のどの会社で働いてきたかによる影響のほうが大きいと思う。成長している会社で揉まれた人たちはたくさんのチャンスがあり、そこで一つひとつ結果を出すことで実績を積み重ねることができたけど、そうでない企業にはそもそもチャンス自体が少ないから能力が上がらない。うまくいかないからマイナス思考になりがちだ。だから長い時間が経つと大きな差がついてしまうんだ。

正直言って、置かれた環境による差のほうが、個人の能力や努力よりもずっと大きいと思う。あくまで自分の経験値だけど、環境の影響は8割はあるんじゃないかな。

例えば同じ身体能力を持つ双子がいて、何らかの事情で生き別れた。一人はアメリカの裕福な家庭に育ち、中学校くらいからナショナルチームの強化メンバーとし

項目	成長企業	衰退企業
社員の話し方	活発・大声・笑い	静か・おとなしい
事務所の雰囲気	ザワザワ	湿気を帯びた静けさ
社員の礼儀・しつけ	良い	悪い
社内の喧嘩	あっさり	ジトーっと尾を引く
朝令暮改	多くて都度文句が出る	少ないがやっても 文句はでない
残業の仕方	メリハリあり	ダラダラ
優秀な社員の疲れ方	激しくて疲れる	かったるいのに疲れる
普通の社員の居心地	厳しくて時に疲れる	ぬるま湯的で楽
危機感・切迫感	ある	ない
会議のやり方	高密度・効率的	ダラダラ
何か決めるスピード	速い	モタモタ
意思決定の参加人数	少ない	多い
業績・成果への追求	厳しい	あまり厳しくない
努力しないものへの処遇	厳しい	あまり厳しくない

出所：『戦略プロフェッショナル』（三枝匡著、日経ビジネス人文庫）ルート３症候群を参考に作成

て育成され、奨学金で大学に通い、企業からのスポンサーを経てオリンピック選手になった。もう一人は開発途上国のスラムで育ち、日銭を稼ぐのに精いっぱいの暮らししかできていない。極端な例だけども、どの会社で働くかは、エッセンスとしてはこれと同じと言える。成長機会の少ない会社で働くのは、それくらいロスが大きいんだ。

会社に限らず、成長機会に乏しい組織には明らかな特徴がある。右の表は伸びてる会社とそうでない会社を比較したものだ。

このリストを見れば、成長企業では能力が上がるけど、衰退企業では自分自身が腐っちゃうのは想像できるでしょ？　でもここに挙げた衰退企業の特徴を持った組織は世の中にゴマンとある。上場企業であっても業績が停滞している、またはそうなりつつある会社はこんな感じになっている。

サーフィンは波のあると時と場所でしかできない。仕事で成功したいなら、成長市場の成長企業に身を置くこと。これに尽きる。

第 5 講

株式投資のための教養

01

会社は金の卵を産むガチョウである

■イソップの「金の卵を産むガチョウ」

父　さて、今回は株価の考え方をテーマに話をしよう。イソップの寓話にこんな話がある。ある貧しい農夫の飼っていたガチョウが、黄金の卵を産んだ。市場に持っていくと、その卵は純金であることがわかった。それからもガチョウは1日に1個ずつ金の卵を産み、卵を売った農夫はやがて大金持ちになった。お金持ちになるにつれ欲が出た農夫は、1日に1個しか産まないことに不満を持ち、ガチョウのおなかを切り裂いて、卵を全部手に入れようとした。しかし、そこにはもちろん金の卵はなく、そのうえガチョウさえも失ってしまった。さて、この話の教訓は？

梅三　欲張りはダメだ、ってことかな。

父　うーん。近いけど、そういうことじゃない。

竹二　宝を生み出すものを失うと、全部が台無しになっちゃう。

父　うん、それも近いね。父さんの答えは、「短期的な利益を得ようと焦ると、長期的な利益を生み出す資源を失ってしまう」ってこと。寓話だから、現実には金の卵を産むガチョウなんていないし、ガチョウのおなかを開いちゃうような人もいないけど、普通の人なら、1日1個とはいえ、ガチョウは毎日1個は金の卵を産んでくれるわけだから、辛抱強く付き合うのが合理的だというのはわかるよね。

梅三　すぐにはお金持ちになれないから、ゆっくりやれってことかな。

父　その通り。それ以前に、そもそも金の卵を産むガチョウを手に入れることが至難の業なんだけど、それはいったん横において、実はこの農夫がすぐにお金持ちになれる現実的な方法が一つ存在する。さて、それは何でしょうか。

梅三　ガチョウを誰かに売ればいいんじゃない。

父　正解。

梅三　久々に、これは簡単だった（笑）。

父　じゃ、続けて質問。これいくらで売ればいい？

竹二　それは、金の卵の値段と、ガチョウの寿命がわかれば計算できると思う。

父　そうだね。父さんは実はガチョウを見たことがないし、黄金の卵の大きさも分からなければ値段もわからないから、話を普通の卵を産むニワトリに置き換えて考えてみることとしよう。毎日ひとつ卵を産むニワトリがいるとして、このニワトリの値段をどうつければよいかを考えてみよう。ニワトリの寿命って知ってる？

竹二・梅三　知らない。

父　だいたい5年。仮にこのニワトリの寿命を残り3年としよう。死ぬまでの間に1000個の卵を産むはずだ。スーパーで売ってる卵が10個で200円くらいだから、卵1個当たりの値段を20円としよう。20円の卵が1000個でいくら？

梅三　2万円。

父　OK。じゃ、君たちはこのニワトリを2万円で買う？

梅三　買わない。餌代かかるし、育てる手間もかかるから。

父　そうだよね。ニワトリに毎日卵を産ませるためには餌を与えなきゃならないし、育てるための設備も要るし、時間も使わなきゃならないよね。じゃあ仮に、餌代や設備代が卵1個当たり10円と考えよう。20円で売って、10円のコストがかかるから、利益は10円ということになるね。これが1000個分だから、いくら?

梅三　1万円。

父　1万円で買う?

梅三　絶対1万円儲かるなら買ってもいいな。

竹二　でもさ、途中で死んじゃうかもしれないじゃん。

梅三　そうか、そうしたら損しちゃうね。

父　そういうリスクがあるよね。ニワトリは平均的に1000日間卵を毎日1個産み続けるけど、目の前にいるこのニワトリが産むのは800個かもしれないし、1200個かもしれない。病気もいまのところないけど、絶対にならないとは言えない。ニワトリを1万円で売ることができれば、1200個産んだ時の利

益を逃すかもしれないけど、800個しか産まなかった場合や、病気で死んでしまった場合のリスクから解放されることになる。そして、そのリスクはニワトリを買った人が負うことになる。

竹二 ならたくさん飼えばいいいんじゃない。平均で1000個になるはずだから。

父 そうだね。実際、養鶏業者は何万羽も飼育してる。ところで話は脱線するけど、養鶏農場にいるニワトリは、8カ月、240日しか卵を産ませない。生まれてだいたい2年で鶏肉にされちゃう。

梅三 もったいない！

父 ただ飼育するだけなら、5年は生きるんだけど、地球上最強かつ最も贅沢な動物である人間がスーパーのカゴに入れるような卵を産める期間はそれくらいしかないんだよ。老化したニワトリの卵は、殻に模様が出たり、表面がガサガサになったり、割れやすくなったりしちゃう。それからニワトリは老化すると卵管が広がることでサイズが少し大きくなっちゃう。そうすると黄身の盛り上がりが小さくなっちゃうらしいんだ。さらに産卵率も落ちてくる。

竹二 それは老化だから仕方ないけど、やっぱかわいそうだね。

父　でも、もし鶏卵用のニワトリが大寿を全うするまで育てたら、ただ餌を与えるだけになって、卵１個の値段がそれこそ１００円、２００円になっちゃう。ニワトリを早く殺すのはかわいそうと言いながら、卵の値段が１個１００円になったら買わない。俺らの生きてる世界は矛盾ばっかりだよ。だからせめて食べ物を口にする前には「いただきます」を言わないとな。

梅三　命をいただきます、だものね。

父　そう。話を戻すと、ニワトリの値段は、たくさん飼うなら平均１万円が妥当かもというところまでいったかな。じゃあ仮に梅三が持っているニワトリを竹二に１羽あたり１万円で売るとする。竹二がその代金を現金で払うけど、そのニワトリのコストを全て回収できるのは１０００日後だ。なんかちょっと損な気がしない？

竹二　する。

父　そう。これからとても大事な考え方を説明するよ。**いま目の前にある１万円と、１０００日後に手にできる可能性のある１万円の価値は違う**というのは、感覚の通り。だから竹二は１０００日後の１万円はいまこの時点で手に持っている１万円とどれくらい差があるのかを考える必要がある。そして、それを数字で表す方法が存在する。

■「割引現在価値」の概念を理解する

父　ニワトリの話からいったん外れて、いま竹二が10万円を利息1％で10年間銀行に預けるとしよう。まず1年後にはいくらになってる？

竹二　10万円の1％は1000円だから、10万と1000円。

父　そうだね。それを10年繰り返すということは、1・01の10乗で、いまここで計算すると、1・10462倍になる。ざっと1割増える計算になるね。

竹二　わかる。

父　ちなみにこの計算は**複利**という。利息のつけ方には単利と複利がある。単利は、元金に対してだけ利息が付くこと。**複利というのは一度受け取った利息に対しても利息が付くこと**。実際に銀行預金は複利で利息が付く。

竹二　最初の年の1・01倍の、0・01に当たる部分が、金額にすると1000円の部分に対して、さらに1・01を掛けてるってことだよね。

父　その通り。複利はアインシュタインが「人類最大の発明だ」と言ったと伝え

られている。株式投資でも複利の考え方もとても重要だから、よく覚えておいても
らいたい。話を戻すと、金利が1％だとすると、現在の1万円と10年後の1万
1000円は同じ価値があるとみなすことができる。その場合に「10年後の1・1
万円の現在価値は1万円である」という言い方をする。

竹二 わかったような、わからないような……。

父 大丈夫。父さんも大学で初めて習ったとき、ちんぷんかんぷんだった。でも
具体例で考えればイメージが湧くよ。ニワトリは1000日卵を産むから、まあ3
年と考えよう。銀行預金の利息が1％として、3年後にはどれだけ増えてる？

竹二 えっと、1・01の3乗だから……、1・030301。だいたい3％増え
てることになる。

父 元が1万円だから合計すると？

竹二 1万と300円。

父 ってことは、このニワトリを1万円で買うよりは銀行に預けた方がいい、っ
てことになるよね。じゃ、いくら以下で買わないといけない？

竹二 9700円以下。

父　そうなんだ。言い方を変えると、利息が1％の状況で、3年後の1万円の現在価値は9700円、ってことになる。さらにそれだとトントンだから、ちゃんとこのビジネスで利益を出そうと思ったら、もっと安い値段で買わないと割に合わないよね。

竹二　なるほど。おい、梅三。俺やっぱり買うのやめる（笑）。

梅三　じゃあ、俺はどうしたらいいの？

父　さっき10万円を1％の利率で銀行に預けるという例を出したよね。でも、10万円をもっと有利な条件で増やしたいと考えるのが普通だ。実態としていまの大手銀行の普通預金の金利は0・001％、100万円を1年間預けてやっと10円の金利。定期預金にすると、何と普通預金の10倍もの金利がつくけど、それでも0・01％にしかならない。

竹二　増えるだけマシだけど。

父　でも欲の深い人は、もっとリターンが大きくなる可能性のある商品、例えば上場株式への投資や、何か商品を買ってオークションやフリマアプリで売ることを考えるよね。100万円を増やす手段はいくらでも考えられる。だから、ニワトリの買い手はいま持っている1万円を増やす手段として梅三の持っているニワトリを買うのが損なのか得なのか、他の投資機会と比較して考えているというわけ。だから梅三は最低でも1万円を1000日間銀行に預けている間に得られる利息よりも、お得になる金額を提示しなければならないんだよ。

竹二 ちょっとでも得になる投資先を常に探さなきゃなんない、ってことだね。

父 いま金利という観点で現在価値を見てきたけど、リスクについて考えなければならないよね。さっきニワトリが本当に1000日間毎日1個産むかどうかもリスクだし、本当に卵1個当たり10円の利益が取れるかどうかは確実ではないというのもリスク。ニワトリの買い手が養鶏業者のようにノウハウを持っている人であればリスクは小さいけど、全くの素人であれば上手に卵を産ませ続けられるかどうかというリスクもある。こんなことも考慮に入れて価値を考える必要があるんだよ。

竹二 でも現実にはどう使うの？

父 モノの値段から会社の値段に至るまで、ビジネスの世界ではこの**将来生み出す価値を現在の価値に直すといくらなのかという考え方**を用いて価値が計算されている。その価値が、さっきの**「現在価値」**。例えばいま多くの中小企業が後継者問題を抱えている。日本の高齢化は深刻だというのは君らも知ってると思うけど、中小企業も例外じゃない。20年時点での中小企業経営者の平均年齢は何と60歳。

梅三　そうなんだ。もっと若いと思ってた。

父　いや、全然。父さんの好きな飲食店も、高齢を理由に閉店したところがたくさんあるよ。廃業する以外の方法があるのに、ホントもったいないと思うよ。

竹二　この前店を買うって話してたよね。

父　そう。例えば夫婦二人で切り盛りしていて、ノウハウは全てこの夫婦が持っている店があるとしよう。お客さんがついているならば、利益は出ているはずだよね。店の家賃や光熱費、材料費、人件費、利益をきちんと計算すれば、この店の現在価値は簡単に算出できる。レシピが門外不出で、店主が文章を書くのが苦手だったとしても、誰かに頼んでレシピを文字や映像にして残しておけば、味が変わるリスクが減らせるから、その分高い価値がつくはずだ。そうすればお店を適正な値段で売ることができ、夫婦にはキャッシュが入り、お店も存続する。

竹二　皆そうすればいいのに。

父　そうなんだよ。あらゆるビジネスには値段を付けられるし、売り買いの対象になる。でも知らない人が多いんだよ。儲かっているのに廃業した店は夫婦が企業価値に関して聞く耳を持たなかったのか、アドバイスする人がいなかったのか、原因はいろいろだと思うんだけど、本当にもったいないと思う。

竹二　基本的に株と考え方は似てるよね。

父　似ているどころか、全く同じなんだよ。会社を理解すれば株もわかるし、その逆も然り。同じことを別の角度から見て表現しているだけなんだよ。例えば株に投資する金があったら、いまうまくいってる店を買って、自分でもっと大きくしようという選択肢だってある。その時にこの会社の値段の決め方について知っておくことは、必ず役に立つよ。

梅三　農夫にも教えてあげたらよかったのにね。

父　イソップの寓話は紀元前6世紀ごろに作られたと言われてるけど、その当時に現在価値という考え方があったのかどうかまでは、ちょっとわからないなぁ。

■消費者金融の利息にはリスクが織り込まれている

父　少し観点を変えて、現在価値を考えるにあたって、お金の貸し借りの例を見てみよう。友人が「5年後に必ず返すから1万円貸してくれ」と頼んできたとしよう。仲のいい友人だから必ず返してくれると信用できるとしても、1万円をそのまま貸すのはあまりにお人好しすぎる。だってさっきの例みたいに、君らは1万円を他の方法で増やすこともできるからね。

竹二　じゃあ、利子を取れってこと？

父　そう。友人から利子を3％もらうとしたら、5年後には1万1600万円返してもらう約束をしないといけない。金利3％の5年間は、総額が16％増える計算だからね。それに当てはめると、5年後に1万円返してもらいたいならば、いま貸せる金額は8700円、ということになる。

竹二　なんかケチって思われそう。

父　いやいや、それでもまだ寛大な方だよ。本当ならもっと乗せなきゃいけない。

梅三　どうして？

父　その友人はたぶん返してくれると思うけど、そうじゃない可能性もあるよね。期限までに返してもらえなかったら丸損だよね。損をするのは嫌だし、父さんみたいに地獄の果てまで追いかけるのはもっと嫌だと考えるなら、貸さないというのも一つの考え方だよ。でもビジネスの世界では**返って来ないリスクを数字に置き換える**んだ。例えば、返ってこない確率が五分五分だと考えるなら、5年後には2万円以上を返してもらう約束をする必要がある。5年で倍以上というと、金利に直すと15％にもなる。5年後に返してもらう金額を1万円にするなら、いま貸せるお金は5400円だ。

梅三　うわ、少ない！

父　でも実際にこれと同じレートでお金を借りてる人は世の中にたくさんいるんだよ。消費者金融でね。よく電車広告で見かけない？「ひと月以内に返せば」金利手数料ゼロ、ってうたってるやつ。

竹二　うーん、気にしたことないかも。

父　中高生には関係ないか。消費者金融でお金を借りれば、15％の金利はよくある利率なんだ。この金利で長い期間お金を借りると、とんでもない金額になっちゃうのは、さっきの計算でイメージできるよね。

梅三　5年でだいたい倍くらいになっちゃう。

父　実際は、消費者金融で貸すお金は単利、利息には利息が付かない計算になっている。5年で倍まではいかないけど。元本を途中で返済しないとすると10万円に対して毎年1万5000円ずつ支払利息が増えていく。

梅三　5年だと7万5000円だから、75%増しか。

父　そう。実際は約束したスケジュール、例えば毎月いくらとかで返す約束で借りるんだけどね。いずれにしても消費者金融の利息を見る限り、消費者金融側は、ここでお金を借りる人たちから返してもらえないリスクをかなり大きく見積もっていることがわかると思う。

梅三　お金借りるって怖いね。

父　それは一概には言えないかな。ビジネスをやっていたらお金を借りないと成長できないから。生活費や交遊費のために、高い金利でお金を借りるのは絶対にするな、とは言っておきたいところだ。

竹二　それでも消費者金融で借りないと生きるのに困る人もいるわけでしょ?

父　生きるのに困る人はもちろんいるけど、消費者金融で借りる以外の手段がたくさんあるから、まずそれを検討すべきだよ。お金に困っている人が消費者金融で借りたら、さらに困るのはさっきの話でわかってもらえると思うけど。でもね、消費者金融ではないけど、手軽に利用できる高金利商品があるけど、知ってる？

竹二・梅三　知らない。

父　クレジットカードのリボ払い。リボとは「リボルビング」、回転するって言葉の略のことで、利用した件数や金額にかかわらず、毎月の支払額が一定になる支払い方法のこと。

竹二　俺、カード持ってないからわからない。

父　ああ、そうか。クレジットカードってのは、後払いができる信用サービスのこと。我々消費者がカードを使って買った分を、毎月まとめてクレジットカード会社に支払う。実際は銀行口座から自動的に引き落とされるのだけれど。例えばクレジットカードを使って1万円の買い物したら、翌月末に1万円以上の銀行残高があれば、それが自動的に引き落とされるんだ。

竹二　俺が持ってるデビットカードとは違うの？

父　デビットカードは、カードを利用した瞬間に銀行口座からお金が引き落とされる。残高が足りなければ決済が通らない。でも、クレジットカードは買った時点で銀行の残高は利用分以下でも決済ができる。

梅三　借金みたいだね。

父　そう、実態は借金。でも使う側の金利は期限内に返している間はゼロ。さらに利用者ごとに利用限度額が設定されてるから、それ以上の金額は使えない。

竹二　じゃあ、クレジットカード会社は儲からないじゃん。

父　店から手数料を取っている。これが彼らの収益源。

竹二　手数料ってどれくらいなの？

父　カード会社と店の契約によるけど平均すると3％前後かな。

竹二　えー、それじゃ逆にぼろ儲けじゃん。

父　その通り。世界の二大クレジットカード会社と言えば、ビザとマスター。この2社はアメリカ市場の時価総額ランキングでトップ20の常連だ。カード会社は店からもらう手数料以外にもっと儲けたい。その手法の一つがリボ払い。リボ払いの月の返済額を3万円って決めてる人がいるとする。その人がリボ払いで30万円の買い物をすると、毎月3万円ずつ返すことになる。

竹二　そうすると、10カ月後には返し終わると。

父　とはならないんだな。リボ払いは利用者から手数料を取る。金利に直すと年率15%から18%になる。

竹二 消費者金融並みじゃん!

梅三 ぼろ儲け!

父 そうなんだよ。クレジットカードを持っていると、リボ払いに切り替えると豪華賞品がもらえる、なんてキャンペーンの案内を受け取るんだけど、長期にわたって使うと、相当な金額を手数料として払う必要があることは、わかるよね。

竹二 使う人いるの?

父 いるんだよ、これが。手数料は率にするとデカいけど、月々の支払額で見ると相対的に小さく見えるから使っちゃうんだろうね。[※1] お前らはとにかくリボ払いは絶対に使ってはいけない。

竹二・梅三 わかりました。

■複利効果はどれほどでかいか

父 ここからは割引現在価値を反対側から見ていこう。君らがいまから30年後に1億円持っていたいとする。いまいくら投資すればそこに届くと思う?

※1 リボ払いを利用したことのある人は27%もいて、さらに今後利用する可能性があると考える人は26%もいる。https://manechie.so-net.ne.jp/learn/mane_181210356.html
何とも悲しい事実であるが、リボ払いを利用する人たちの存在を認めて、クレジットカード会社の株を買う、というのは投資家の取るべき態度の一つである。

梅三　えー、5000万円とか？

竹二　グーグルみたいな会社を見つけて100万円突っ込む。

父　それは面白い。答えは利率によって変わる。過去数十年の株式市場のリターンは平均すると6％程度と考えられている。仮にこの[※2]6％を適用して30年間運用すると、いま必要なお金は1740万円。割引率6％を30年というスパンで見た時の1億円の現在価値は1740万円ということだ。

梅三　それにしても1740万円は大金だわ。

竹二　でも30年で約6倍になるってことは、要するに複利効果はそれくらいでかいってことが言いたいんだよね、父さん。

父　その通り。だけどほとんどの人はそれだけのお金を持ってないし、持ってたとしても生活費や子供の学費なんかに必要だから投資には回せないよね。でも余裕資金のあるお金持ちの人がどんどんお金を増やせるのが、この単純な説明でわかってもらえると思う。

梅三　お金がない人はどうするの？

父　お金がない人でも1億円を作ることができるんだよ。じゃ同じ条件、つまり

※2 金融庁のウェブサイトで試算ツールが公開されている。https://www.fsa.go.jp/policy/nisa2/moneyplan_sim/index.html

第5講※2

図表29　1億円を作るには毎年いくらずつ投資すればいい？

年数	元金	利息累計	元利合計
1年	1,200,000	39,160	1,239,160
2年	2,400,000	152,610	2,552,610
3年	3,600,000	344,820	3,944,820
4年	4,800,000	620,600	5,420,600
5年	6,000,000	984,910	6,984,910
6年	7,200,000	1,443,160	8,643,160
7年	8,400,000	2,000,900	10,400,900
8年	9,600,000	2,664,050	12,264,050
9年	10,800,000	3,439,000	14,239,000
10年	12,000,000	4,332,490	16,332,490
11年	13,200,000	5,351,530	18,551,530
12年	14,400,000	6,503,710	20,903,710
13年	15,600,000	7,797,000	23,397,000
14年	16,800,000	9,239,950	26,039,950
15年	18,000,000	10,841,490	28,841,490
16年	19,200,000	12,611,140	31,811,140
17年	20,400,000	14,558,920	34,958,920
18年	21,600,000	16,695,560	38,295,560
19年	22,800,000	19,032,400	41,832,400
20年	24,000,000	21,581,490	45,581,490
21年	25,200,000	24,355,500	49,555,500
22年	26,400,000	27,367,940	53,767,940
23年	27,600,000	30,633,150	58,233,150
24年	28,800,000	34,166,220	62,966,220
25年	30,000,000	37,983,300	67,983,300
26年	31,200,000	42,101,400	73,301,400
27年	32,400,000	46,538,600	78,938,600
28年	33,600,000	51,313,970	84,913,970
29年	34,800,000	56,447,880	91,247,880
30年	36,000,000	61,961,810	97,961,810
合計	36,000,000		97,961,810

出所：著者作成

リターン6％で30年間コツコツお金を投資することで1億円作るためには、毎年いくらずつ投資すればよいかを試算した。それがこの表（図表29）。ちなみにこの試算では手数料、税金等は考慮していない。

父　毎月10万円ずつコツコツ投資していくと30年後には約1億円になる計算だ。注目してほしいのは元金と利息の差ね。梅三、元金はいくら。

梅三　3600万円。ってことは残りの6200万円は利息か。

父　そうなんだ。なぜこうなるかと言えば受け取った利息もどんどん利息が付いていくから。複利効果はそれくらい大きいんだ。さすがに月に10万円投資できる人は少ないから、仮に月に1万円としよう。毎月1万円コツコツ銀行に貯金すると、30年後には360万円貯まる。これは100％確実だ。だけどリスクを取って株式投資をした人の手元には1000万円残る。

投資の効果はこれくらい大きいということを覚えておいてほしい。

■なぜ複利効果をわかってても実践できないのか

竹二　でもこんな単純な話だったら皆やってるんじゃないの？

父　実際はそうじゃないんだ。これはあくまで父さんの感覚値なんだけど、たぶん複利効果の話は日本で教育を受けた人なら多くの人が聞いたことがあるはずなんだ。秀吉の米の倍増しの話。

梅三　ああ、あれね。[※3]

父　これがまさに複利効果。複利効果の話はみんな知ってる。だけど投資で実践できないのはいくつか理由があると思う。大きな理由の一つが**「現在バイアス」**。これは**目の前にある事柄を過大に評価してしまう傾向**のこと。これは誰でもそうなんだけど、未来にある喜びよりも目の前の喜びを重視するよね。

梅三　勉強しなきゃと思ってても、ついゲームやっちゃうとか。

父　そう、まさにそれ。要するに目の前の欲求に負けて大事なことを先延ばししちゃうんだよね。人間だれしもそうなんだよ。自分だけがだらしないわけじゃない。でも違いはそれを我慢できるかってこと。さっきの計算で言えば、第一歩の1万円は30年後には約5万7000円になる。頭ではわかっててもその1万円を目の前の快楽を得るために使っちゃう。だから皆、投資に資金を回せないんだ。

梅三　我慢かぁ。

※3　秀吉が「何でも好きな褒美をやる」というと、家来の曽呂利新左エ門は「この広間の畳に、端の方から一畳目は米一粒、二畳目は二倍の二粒、三畳目はその倍の四粒、というように、二倍、二倍と米を置き、広間の百畳分全部いただきたい」と言った。秀吉はせいぜい米俵一俵か二俵くらいだと思い承知したが、試算してみるととんでもない数字になることがわかり、秀吉は新左衛門に謝って他のものに変えてもらったという話。

父　そう。投資のリターンは我慢に対する報酬だ。でも日本人は比較的我慢ができる国民なんだ。それは貯蓄率の高さに表れてる。だけど貯金はできても投資はできないんだよ。

竹二　何で？

父　お金が減るリスクを取りたくないから。過去に株式投資は平均で年6％のリターンがあったと頭では理解できるとする。だけど、それはあくまで平均で、ある年には大きくマイナスになり、それが何年も続くこともある。そうすると現実問題としてお金が減る。さらにそのリスクについても理解したとしても、お金が減る現実を受け入れられない人がいる。実際試してみたけど、タイミングが悪くてお金が減っちゃって「6％リターン」に確信が持てなくなって

投資をやめちゃう。**初心者は最初はほぼ全員お金を減らす**んだよ。

梅三 どうして?

父 理由はカンタンだ。初心者が株式投資を始めるのは、決まって株価が上昇基調にある時期なんだ。毎日株価が上がってるというニュースを見る、知り合いが株で儲かった話をしている、だから自分もと勇気を持って始める。ところが株は上がったり下がったりする。だから上がった後は下がる。証券口座のサイトをチェックすると具体的な金額がマイナスになっている。初心者はお金が減った経験がないから、少しのマイナスでもうろたえる。そしてしばらく上がらなければ売ってしまう。これで必ず損するんだよ。それが何回も重なると「自分は株式投資に向いていない」とあきらめてしまう。

竹二 最初は減っちゃうんだー。

父 ああ、必ずと言っていい。だから確信をもって、長期的な視野で銘柄を選べと口を酸っぱくして言ってるんだ。もっと成長するはずだと思ってる株の値段が下がったら、むしろ買いでしょ? だって良い商品(株式)が安く売ってるんだから。

梅三 そりゃそうだ。

父　かくして多くの人がちょっと株式投資に手を出しては撤退しちゃうんだよ。まあこのあたりの心理状態は自分のお金を投資してみないとわからないと思うよ。だけど最初の銘柄を買う前に、もう一度思い出してもらいたいところだね。

まとめ

- いま手元にある1万円と将来手にするはずの1万円の価値を比較すると、手元の1万円の方が価値が高い。**価値の差は「割引率」と「経過年数」によって推定**できる。
- 投資家を目指すなら、**消費者金融やリボ払いの利用者になってはいけない**。
- 毎月10万円を6%の利率で毎月コツコツ積み立てると、30年後には約1億円の資産ができる。積み立てた元手は3600万円、利息が6200万円と、元手より利息の方がはるかに大きくなる。**お金を増やすうえで複利効果は絶大**である。
- 複利効果を理解していても投資に踏み切れない理由は主に2点。
- 人には現在バイアスがあり、先延ばし欲求に打ち勝つのが容易ではない。

■ 先延ばし欲求に打ち勝ったとしても、投資初心者は初期にお金が減るストレスに耐えられずに株式投資から撤退してしまうため。

■ 株式投資初心者は、**最初は必ずお金を減らす**。明確な理由を持って買った銘柄ならば、あわてて売って投資元本を減らさないこと。**長期的視野に立って耐える能力**を身に付けること。

02

株式会社は400年の歴史がある

■上場とは会社を売ることである

父　今回は会社の買収をテーマに話をしよう。会社を買うことは一般に「買収」と呼ばれる。買収ってどういう意味か、ちょっとスマホで辞書を調べてみてよ。

竹二　買い取ること、買い占めること。用例は「土地を買収する」。

父　そうだね。他には？

竹二　「有権者を買収する」などのように、ひそかに利益を与えて味方にすること、という意味もある。

父　どうも、買収という言葉は好ましい行為を表す言葉として使われていない印象があるけど、どう？

竹二　あんまりいい印象はないかも。

父　言葉が先にあったのか、行為そのものが好ましくないからなのかはわからないけど、会社の買収って聞くと、一般にはネガティブな印象を持つ人が多いんだ。

竹二　乗っ取りとか、そんな感じ。

梅三　金で会社を乗っ取ろうとする悪い奴らを追い出す、みたいなドラマありそう。

竹二　あるある。

父　じゃあ、M&Aって聞くとどう？

竹二　なんかカッコイイ感じ。専門的で先進的で、期待が持てそうな。

父　M&Aの元の英語は Merger and Acquisition。Merger とは合併という意味。英語には merge という動詞があり、合わさる、一緒になるという意味。英語圏の国に行くと、道路が合流する場所に merge と書かれた看板がある。それからＩＴ業界だとカタカナ語として使う人もいて、二つのファイルを一つにすることを「ファイルをマージする」と言ったりする。Merger はこの Merge の派生語な。

竹二　Merge は合併、と。

父　Acquisition は獲得、入手、取得という意味。いま話している文脈では買収という意味になる。

竹二　**M&Aは、「合併と買収」**ということね。

父　言葉は不思議なもので、M＆Aと聞くとカッコイイ、いまの世の中に必要な取り組みだと考える人がいる。大学に「コーポレートM＆A研究」というゼミがあれば優秀な学生が殺到しそうだけど、「会社買収と合併研究」という名前だとなかなか人が集まらない気もするね。

会社の買収に否定的な印象を持つ人たちの中には、会社を買う人たちのことを「乗っ取る」と表現する人もいる。創業者が強い想いを持って会社が生まれ、たくさんの社員が協力し合って育ててきた会社をお金で買おうというのはけしからん。家族を支える社員を切ってコストを下げ、美味しいところだけ持っていくのは道徳的に問題がある。人の心を理解できないただの強欲な連中である、というロジック。

梅三　父さんはどう思うの？

父　自分が勤めている会社が他の会社に買われたら、間違いなく不安にはなると思うな。一方で自分が経営している会社を納得する条件で買ってもらったら、ありがとうございます、という気持ち以外にはないね。それでも考えもしなかった方法で騙されて乗っ取られたら腹が立つどころの話じゃない。
竹二 つまり、立場によって意見が変わるってこと?
父 その通り。企業買収によって影響を受ける人の割合で言ったら圧倒的に従業員の方が数が多い。だから買う方も売る方も、従業員の気持ちをできるだけ気遣う発言をするものだよね。例えば「経営統合」とか。
竹二 「合併」とどう違うの?
父 言い方の違いだけ。「経営統合」の中身を見ると、実態は強いものが弱いものを飲み込む形での買収であることが一般的。父さんの同級生の中には新卒で銀行に就職した仲間がたくさんいるけど、買収された方の銀行にいまでも勤め続けている人はほとんどいない。皆買収されてしばらくすると転職しちゃう。組織の長が買収した方の会社から送り込まれるのを見て、居心地が悪くなって、自分にはもうこの組織では出世の道が閉ざされた、って思うらしいんだよね。それで意を決して新天地を求めて行くというわけ。これは銀行に限らずどこの業界でも全く同じ。だから、表向きの手法は「合併」とうたっていても、実態は「買収」なんだよね。
竹二 なかなか厳しいね。

父　そうなの。物事は思い通りにはいかないんだよ。自分の力の及ばないところで前提条件がころころ変わるのが、むしろ普通だ、くらいに思ってないと生きていけない。それでもやっぱり、買収のような弱肉強食のやり方は日本ではなじまない。我々はすべての人たちを尊重するということで、「対等合併」や「経営統合」という名前で一緒になることがある。一部にはそれは素晴らしいと褒めたたえる人もいる。実際日本の社会は「中空構造」で成り立っているという説がある。

竹二　中空構造って何?

父　これは心理学者の河合隼雄が主張している説なんだけど、日本の社会構造には中心がないという特徴がある。逆に中心がある、例えば強力なリーダーがいるとうまく機能しないという説。今度一冊読んでみるといいよ。[※4]

そうは言っても実際は、対等合併が上手くいくのはレアケース。いろんな人の意見を聞きすぎると何をしたいのかがぼやけてくるし、個々のやり方を尊重しすぎると、それを維持するためだけでなく、帳尻を合わせるための仕組みづくりにかえってコストがかかる。対等合併をした結果、それぞれのコストが1で、三つ合わさって3になるはずが、4に増えちゃった、みたいなことが現実に起こっている。

※4『中空構造 日本の深層』（河合 隼雄著、中公文庫）

竹二　どういうこと？

父　例えばそれぞれの会社にあった人事部が形の上では一つの組織になるんだけど、中身は三つそれぞれ全く分かれていて、さらにその3つを調整するためだけの組織を新しく作る、みたいなこと。これは極端な例だけどね。一方で、買収されることによって会社の利益が増え、従業員の雇用も安定したという例もある。

例えば日本電産という会社の創業者である永守重信さんは、これまでに60社以上を買収してきたけど、ほとんどの会社が黒字化を果たしたと言っている。加えて、永守さんは買収した会社の、リストラをしたことがないそうだ。一般論として、M&Aは非常に難しく、成功するのは多く見積もっても2、3割だと言われてる。でもM&Aが失敗するのは、さっき例に挙げたようなマネジメントの問題であって、M&Aという取り組み自体が悪いわけではない。それどころか、M&Aとそれを支える考え方は、現代社会を支える仕組みなんだよ。前置きが少し長くなったけど、今回のテーマはこれだ。

竹二　あんまり実感がわかないけど。

父　多くの人にとって、自分が勤めている会社は自分の生活を支える経済的な基盤であり、自己実現の手段でもある。誰でも知ってる会社に勤めていて近所からも一目置かれていたのに、勤務先の会社が売りに出されていると新聞に載るようなことがあると、近所での体面が保てないと思う人もいたりする。だから、会社に値段をつけて売り買いの対象にするという発想は、大きな違和感があるというのは感情論としては理解できる。

竹二　さっきの話ね。立場によって意見が違うと。

父　そう。でも別の見方をすれば、会社は法律に従って設立される仕組みであり、器にすぎない。そもそも会社は人々が豊かで幸せになるための道具だからなんだ。会社を売り買いすることに否定的な人たちも、毎日株式相場とにらめっこするだけでなく、周りにも勧めてたりするんだ。でも、これは全く矛盾してるんだよ。

竹二　どうして？

父　なぜなら会社を売り買いするという意味においては、株式の上場もM＆Aも同じだから。会社に値段をつけるということは、会社の株式に値段をつけるという意味。会社を買うということは、会社の株式を買うということだよね。

竹二　それは前聞いたからわかる。

父　M&Aとはその会社の株式をある特定の相手に売ることであり、株式の上場とは、会社の株式を小口にばらして証券市場で不特定多数の投資家に売ることだ。つまり、上場したということは、会社は売られたということになるんだよ。

■株式会社は世界最大の発明の一つ

父　**株式会社は世界最大の発明の一つであり、資本主義の根幹をなすもの**だ。なぜそう言えるのか、少しだけ歴史のお勉強をしよう。いつの世も、大きな仕事をしたい、世の中を変えるような新しいものを生み出したいという野心家が存在する。このような人たちは業を起こす人、「起業家」と呼ばれる。起業家が目標を実現するには資金が必要だ。でも、自分の手持ちのお金だけでは大したことはできない。そこでお金持ちに頼んでお金を出してもらう。でも、出してもらう時の約束が借金だと、もし事業が失敗したとしても契約上は必ず返さなければならない。

竹二　地獄の果てまで追いかけられるってやつね。

父　そう。失敗したら自宅も親類縁者の財産も全部処分しなければならないと考えると、そう簡単には大きな事業は起こせない。そこで考え出されたのが株式会社なんだ。「オランダ東インド会社」って聞いたことあるよね。

梅三　ある。

父　何やってた会社？

梅三　貿易。アジアで香辛料とか買ってヨーロッパに輸入してた。

父　そうだね。この会社ができたのは1602年。日本では徳川家康が征夷大将軍になって江戸に幕府を開いた前の年だね。実はこの会社が世界初の株式会社だといわれている。

梅三　そんなに昔からあるんだ。

父　そうなんだよ。株式会社には400年の歴史がある。なぜ株式会社が生まれたか。それは大航海時代に起こった問題を解決するためなんだ。マルコ・ポーロの旅を綴った『東方見聞録』なんかを読んだヨーロッパ人が、ヨーロッパ以外の国に好奇心を持ち始めて、外洋に出て行ったんだ。船を作るのは莫大な金がかかるし、航海に出た後も乗組員を長期間食わせるのに金がかかる。だから航海を企画した「事業家」はお金持ちに頭を下げて金を借りていた。コロンブスは最初の航海に必要なお金のほとんどをスペイン国王・フェルナンド2世から借りている。

梅三 コロンブスって借金して行ったんだ。

父 そう。皆アメリカ大陸を「発見」できたことしか知らないけど、その前に資金を調達したところがすごいと思うね。ものすごく人たらしで、プレゼンが上手かったんだと思うよ。当時の航海は超の付くほどハイリスク・ハイリターンだった。遭難や難破などの事故だけでなく、敵から襲撃されたりもする。船の中では壊血病や疫病感染が起こる。狭い船内で何日も一緒にいるから暴力沙汰も日常茶飯事だっただろう。そんなこんなで、乗組員の生還率は20％もいかないくらいハイリスクだったんだ。

竹二 でも、リターンは大きかった、と。

父 新しい領土を獲得して無事に戻って来れたら、桁違いの利益が転がり込んできた。航海に出るような人たちの多くは貧乏人の次男以下だったんだけど、手柄を携えて戻って

くれば、王侯貴族と同等の富と名声が転がり込んだし、お金を貸した人には大きな利権が手に入った。でもあまりにハイリスク・ハイリターンすぎるから、もう少し振れ幅の小さい方法はないかと考える人たちが出てきた。そこで生まれたのがオランダ東インド会社。それまで一回の航海ごとに出資契約を結んでいたんだけど、莫大な必要資金を小口に分割し、この会社の株式と交換する形で資金を集めた。この株式を持つ人、つまり株主は、会社の経営に参加でき、事業が成功した場合はその利益の配分にあずかる権利を持つことができる。加えて、株主の有限責任制を導入した。つまり株主は、出資額以上のリスクは負わなくてよくなった。

竹二　リスク分散ってやつ？

父　そう。こうして、起業家やお金持ちはリスクの高い事業にも取り組むことができるようになり、オランダ東インド会社は大きな発展を遂げた。ちなみに当時の東インドとは、インダス川より東側すべての地域を指していた。設立当初は銀を輸出して胡椒・香辛料を調達し、のちには砂糖、綿織物、コーヒー、茶などを輸入するようになった。ちなみに彼らは日本とも貿易をしていた。

梅三　あれ、江戸時代って日本は鎖国じゃなかったっけ。

竹二　でも長崎の出島だけ開いてオランダとだけ貿易してたよね。

父　そう。長崎・出島のオランダ商館は、オランダ東インド会社の日本支店のことだったんだ。

竹二　知らなかった！

父　さてこのオランダ東インド会社は２００年続いたものの、１７９９年に解散してしまったけど、株式会社というシステムは世の中で広く利用されるようになっていった。そのうち株式会社自身が、資本金を元手にお金を借りられる制度が生まれたことから、会社は資本金の何倍ものお金を借金し、より大きな事業ができるようになったんだよ。

梅三　そうなんだ。東インド会社ってそんなにすごい発明だったんだね。

父　父さんも学生時代は歴史で覚えなきゃいけないタダの出来事の一つくらいにしか思ってなかったけど、ビジネスにどっぷりつかってると、いかに画期的な発明だったかがわかってくる。モノの発明もすごいけど、こういう「概念」とか「システム」の発明によって小さな力で大きなことができて、かつリスクも少なくできるようになったんだ。もう一つ挙げると、証券取引市場もそうした発明の一つだよ。

竹二　取引システムのこと？

父　いや、ずっとそれ以前の仕組みのこと。証券取引市場は、小口の株式を売買できる仕組みと見ることができる。株式会社が生まれた頃のことを想像すると、投資家は起業家の心意気を買ってダメもとで出資したとしても、その後にいろいろと状況が変わってやっぱりお金を返してほしいと言いたくなる状況になることもある。でも株式は、最悪紙くずになることを承知してもらったうえで出資者から集めたお金だから、会社としては二つ返事でお金を返すわけにはいかない。会社にお金を貸す銀行も、食いつぶしても構わない元手となる資金があることが前提で貸してくれている。だから、株式を現金に換えたい出資者は、その株式を買ってくれる人を探さなきゃならない。

竹二　前やった相対取引ね。

父　そう。その会社のビジネスに魅力を感じる別のお金持ちが現れたら、値段が折り合えば売買が成立する。こんなふうに売りたい人と買いたい人の数がある程度の規模になって、かつ株式の売り買いが可能な会社の数が増えてくれれば、取引市場が成り立つ。このようにして、株式市場が出来上がったというわけなんだ。

株式市場では、だれがどの会社の株式をいくらで何株売りたいかが掲示されて、買いたい人は手を挙げればその値段で買えるようになっている。この**株式会社の仕組みと株式市場が整ったことで、お金がない人でもアイデアと決断力があれば大きな事業が起こせるようになった**。現在では、この仕組みが社会を革新する新たな事業を生み出していく源となっている。それから、皆が銀行から受け取る利息も、年金として受け取るお金も、ずっと元をたどると株式会社が生み出した利益によって賄われているんだよ。

まとめ

- 「買収」という言葉はマイナスに捉えられがちだが、「企業買収」も「M&A」も「株式上場」も同じことである。
- 株式会社は世界最大の発明の一つである。これにより大規模な事業の実行が可能になり、経済が大きく発展した。
- **経済の原動力は企業が生み出す利益**である。

03

分散投資と投資信託

■卵を一つの籠に盛るな

父　株式投資の重要なセオリーの一つに「分散投資」というものがある。初心者向けの指南書を読むと必ず「卵を一つの籠に盛るな」という言葉が出てくる。

梅三　落とすと全部割れちゃうから？

父　そう。同じようにどれだけ優良という評価を与えられている企業であっても突然業績が悪くなったり、倒産してしまったりする。

梅三　コロナで外国人観光客が急に来なくなるとか。

父　例えばね。世の中何が起こるかわからない。それに嘘の会計データを公表している会社もある。

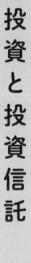

竹二 えー、そんなことできるの?

父 それができない仕組みになってるはずなんだけど、なぜかできちゃうときがあるんだよ。上場企業は広く一般からお金を集めるから、会社のお金に関する情報はルールに従って全て正しく公開しなければならない。皆その情報に基づいてその株を買うかどうかの判断をするからね。情報開示は法律に定められていて、[※5]監査法人がちゃんとチェックする決まりになっている。ところが監査法人にもバレないようにごまかしている会社は結構あるんだよ。例えば日本を代表する会社の[※6]東芝も粉飾がバレて大事件になって、株価が1/3くらいにまでなっちゃった。

梅三 それはひどい。

父 本当にひどい話なんだけど、損をした投資家が怒ったってお金は戻って来ない。だから株式投資をするにあたっては、そういうことも起こりうる、と常に想定して、**お金を一つの銘柄に集中させるのではなく、複数の銘柄に分ける**べきなんだ。これを**「分散投資」**という。

竹二 貯金を全部ニトリの株に突っ込むのは危険ってことだね。

父 ああ。ニトリだって何があるかわからない。じゃあ、「どのように」「どれく

※5 監査とは企業の会計を法律に照らして問題がないかどうかを確認すること。監査法人とは、監査業務を組織的に行うために公認会計士が共同して設立した法人のこと。

※6 複数の事業部で合計1500億円の水増し(嘘の)利益が計上されたことが2015年2月に発覚した事件。これは全くの余談だが、一般的に粉飾決算と呼ばれる行為が、なぜかこの件では不正会計と報道されているあたりが「日本的」である。

らい」分散させればいいのかってことについて考えていくことにしよう。まず「どのように」から。ここに輸入した商品を日本国内で売る会社と、日本国内で調達できる材料だけを使って作った製品を海外に輸出する会社があるとしよう。

竹二　あ、円高、円安って話でしょ。

父　そう、為替レートの変動の影響の話だ。社会科の勉強も投資には役立つね。じゃ、為替レートが円高、円安に動いたときに、輸出会社、輸入会社それぞれにどういう影響があるか。はい、梅三。

梅三　えーっと。円高になると、円が高くなるってことだから、円が高いってことは……、あれ、わかんない。

父　おさらいしよう。1ドル＝100円を仮の基準として比べた時に、1ドル＝90円になると円高だ。100円で買えてた1ドルが、90円で買えるようになったってことは、ドルの価値が円に対して相対的に下がった、つまり安くなったってことだよね。その事象を反対側から見れば、円が高くなったということになる。

梅三　なるほど。ということは円高になると、輸入する会社は海外に払うお金が少なくて済むから、その分儲かるってこと？

父　そうだね。輸入会社は値段を据え置きにすれば利益が増えるし、海外からの仕入れ代金が少なくて済んだ分値下げすれば、お客が買いやすくなって売上が増える。じゃ、反対に輸出会社はどうなる？

梅三　１００円もらえてたのが、90円しかもらえなくなるから売上が減る。

父　そうだね。つまり円高は輸入会社にはプラスで、輸出会社にとってはマイナスの影響がある。そして円安はその逆だ。だから為替レート変動のリスクを分散するには、輸入会社と輸出会社の両方を買うべきなんだ。

竹二　でもさ、そうしたらプラスマイナスゼロになっちゃうんじゃないの？

父　いい質問だ。ところが実際はそうはならない。なぜなら輸出入をしている会社はもともとある程度の為替レートの変動を考慮に入れて値付けをしている。だから円高・円安が想定の範囲であればどっちにしても利益が出る。

竹二　それでも損することはあるよね。

父　そこが上場企業株を買うことのミソだ。小さい会社は本当に赤字になってしまうこともあるけど、そうならないようにビジネスを作っているからこそ、上場を維持できてる。それに上場企業は想定内の環境変化であれば毎年成長するように事業計画を立てている。だから**輸入・輸出の会社両方を買っておけば平均的には株式投資のリターンを得られる可能性が高い**と考えることができる。

竹二　逆に予測することはできないの？　円高になるから輸入企業の方が伸びるだろうとか。

父　予測するのは自由だけど、それが当たるとは限らない。**特に為替レートは本質的に予測不可能だ**。年末になると毎年新聞やビジネス誌や新聞で「専門家」なる人たちが予測を発表してるけど、皆バラバラ。バラバラだから誰かは当たる。でも同じ人が毎年当てられるわけではない。さらに想定外の出来事、例えば金融危機やパンデミックが起こると誰の予測も当たらない。「想定外の事件」が起こると予測が当たら

輸入会社と
輸出会社の
両方を買おう
輸出は
自動車とか。
輸入は…
石油関連
とか？
輸出
輸入
GS
OIL

ないのであれば、やっぱり予測は当たらないんだよ。

当たると信じてお金を賭けるのはその人の自由だけど、想定外の事件で相場が予想と逆に動いて損を被るのは自分だからね。「あんたの予想を信じたのに外れたじゃないか！」って文句言ってもお金は戻って来ない。

竹二 でも予測しないと、なんか面白くない感じがするよ。

父 もちろん予測の当たり外れに株式投資の面白さを見出している人もいる。でも父さんが指摘してるのは、為替レートの予測は不可能、という点に限っている。

竹二 為替レートが予測できないということは、そう理解するよ。でもさ、他の理由で例えば「これからは輸出が伸びる」とかそういう視点で銘柄を選ぶべきなんじゃないの。どっちに転ぶかわからないから輸出会社と輸入会社両方買っとけ、ってのはいい加減すぎる気がするよ。

父 お、いまいいこと言ったぞ。

竹二 何が？

父 「いい加減」って。実は株式投資は「いい加減」にやるのが一番結果がいい。

梅三 そうなの⁉

竹二　んなわけないっしょ。

■投資は「いい加減」がベスト

父　世の中には会社の利益を左右する様々なリスクがある。先の為替レートの変動以外にもいろんなリスクがある。「想定外」という言葉がある通り、全てのリスクを想定して評価することはできない。だから結局のところどれだけ予測しても正確に当たることはない。だから「プロ」の選んだ銘柄と、適当に選んだ銘柄の組み合わせを長期間それぞれ運用した場合の運用益には有意な差が見られない。

梅三　そしたらプロじゃないじゃん。

父　それはプロをどう定義するかによる。プロ野球選手はアマチュアより絶対にうまいのは確実。ゴルフなら、プロゴルファーと言っても二つあって、トーナメントに出るプロはアマチュアより間違いなくいいスコアを出す。でもレッスンプロはそうとは限らず、レッスンプロよりも上手なアマチュアゴルファーはたくさんいる。でもレッスンプロは資格を持っていて、ゴルフ業界の決まりではその資格がないとお金をもらってゴルフを教えてはいけないという縛りがある。他にも各業界でプロの定義はそれぞれ違うんだ。

梅三 じゃあ、株のプロは？

父 日本では「金融商品取引法」で定められている他人のお金を預かって運用する「投資運用業」とお金をもらって他人に投資のアドバイスをする「投資助言・代理業」の二つを行う人がプロということになるだろうね。これらの仕事は、内閣総理大臣の登録を受けなければ行ってはいけない。ただし、登録に当たっては過去の株式投資で儲かったかどうかは問われないし、登録後も運用成績が悪いという理由で登録から外されるようなこともない。だけども四六時中株式市場に携わることで生計を立てているという意味で立派なプロフェッショナルだ。

竹二 プロのミュージシャンが作った曲が売れるとは限らないみたいなことかなぁ。

父 前に、株式市場はプロ・アマチュアが入り混じった無差別級のバトルだという話をしたと思うんだけど、[※7]実はプロだから勝っているという明確なエビデンスはいまのところ確認されていないんだ。株式のプロの代表的な仕事として「**ファンドマネジャー**」なる職業がある。ファンドマネジャーは**投資信託を運用する仕事**だ。

※7 様々な実証研究がある。例えば某ファンドが選りすぐった5本の個別ファンドとS&P500を9年間運用したところ、S&P500が圧勝だった。『バフェットからの手紙』を参照。他にも『ファスト&スロー』第3部 自信過剰／第20章 妥当性の錯覚（ダニエル・カーネマン著、村井章子訳 ハヤカワ・ノンフィクション文庫）などを参照。

■20銘柄持てばリスクは減らせる

父　さっき株式投資のリスクについていくつかの例を挙げたんだけれど、実は株式投資のリスクは個別リスクと市場リスクの二つに分けることができる。**個別リスクは、各企業に固有の事情で生じるリスク**のこと。**市場リスクとは市場全体の価格が変動し、全部の株式が同じ方向に動くことから生まれるリスク**。と言ってもよくわからないと思うから、いくつか例を挙げよう。

- 個別リスクの例：名物社長の退任、製品の欠陥によるリコール、新商品の発表
- 市場リスクの例：原油価格の高騰、景気の減速、金利の上昇

父　「卵を一つの籠に盛るな」の話に戻ると、じゃ一体いくつ籠を用意する、つまりどれくらいの銘柄に分散すればいいかという疑問が出てくる。その答えは20銘柄。**20銘柄持っていれば個別リスクはほぼゼロになる**と試算されている。

竹二　つまり20銘柄買えってこと？

父　シンプルに言うとそういうことだ。だけど20銘柄買うのは現実問題として難しい。仮に第3講で取り上げた東証一部の時価総額トップ20企業分を全部買うと、約4000万円も必要になる。

竹二　俺らには無理だわ。

父　ほどんどの大人でも無理だわな。仮に単元未満株で買っても40万円必要。これでも多くの大人は腰が引けるだろうし、中高生が一度に買うのはハードルが高いよね。そこで多くの人たちが検討するのが投資信託[※8]だ。一言で言うと、**投資家のお金をプロが代わりに運用してくれるという金融商品**のこと。

竹二　それ良さそうじゃん。

父　ところが投資信託にはいろんな問題がある。まず投資信託を買うと手数料を取られる。その手数料は「販売手数料」と「信託報酬」に分けられる。販売手数料は買う時に取られるもの。

竹二　株を買っても手数料は払うんじゃないの？

父　それはその通り。しかし桁が全く違う。高いものだと3％取るものもある。

梅三　それって高いの？

※8　投資信託とは、投資家から集めたお金をひとつの大きな資金としてまとめ、運用の専門家が株式や債券などに投資・運用する金融商品のこと。その運用成果は投資額に応じて投資家それぞれに分配される。最もよくまとまっているサイトの一つとして（社）日本投資信託協会の運営するサイトがあるので、より詳しい定義や説明はこちらを参照のこと。
https://www.toushin.or.jp/index.html

父　高いよ！　だって始めた瞬間に元手が3％少ないところからスタートするわけだから。複利計算するとそれが長期では大きなインパクトになる。それよりも問題なのは信託報酬。これは運用資産に対して一定の割合で「毎年」運用会社が取っていく。高いものだと2％近く取っていくから、毎年2％ずつ自分の資産が目減りしていくことになる。

竹二　確かに、さっきの複利の話で考えると長い時間をかけた場合結構大きいよね。

父　投資を始める人は「自分でどの銘柄を買ったらいいかわからない、プロに任せれば安心」といううたい文句に反応しちゃう人が一定数いる。父さんも最初はそうだった。だけど**プロに任せれば安心ということは言えない**。市場リスクはプロでも排除できないから下がるときは下がるんだ。それに何より手数料が大きい。でも投資信託自体が悪いわけじゃなく、悪いものと良いものがあるということ。その選び方についてはこの講座の最後で詳しく説明する予定。それでは今回はここまで。

まとめ

■どれだけ優良な企業でも、不測の事態により期待通り成長するとは限らない。だから「卵を一つの籠に盛るな」つまり**分散投資を行う**べきである。

■株式投資のリスクは大きく二つに分類できる。

■個別リスク：各企業に固有の事情で生じるリスク

■市場リスク：市場全体の価格が変動し、全部の株式が同じ方向に動くことから生まれるリスク

■個別企業のリスクは**20銘柄でほぼゼロに**なる。しかし20銘柄も持てない、銘柄を選ぶ能力がない、銘柄選定と管理の手間を省きたいなどの投資家のため、**「投資信託」**という金融商品が存在する。

■投資信託を購入する際には「販売手数料」と「信託報酬」が安い商品を選ばなければならない。

COLUMN

勉強ができることと仕事ができることとの違い

ここに二人の鍵職人がいる。客から壊れた鍵を直してほしいと頼まれて現場に駆け付けた。一人の鍵職人は5分も経たずにサクッと直した。もう一人はあれこれ試しながら30分時間をかけ、修理を終えた。さて修理の難易度、客の懐具合、料金が同じだった場合、客が感じる満足度はどちらの方が高いと思う？

答えは時間をかけて鍵を直した職人のほう。「難しい仕事にじっくり取り組んでくれた」と感じる客の方が多いんだ。5分で鍵を直した職人には「そんな簡単な仕事に大金を払うのは嫌だ」と感じてしまう。鍵職人が「この技術修得にかかった時間は40年と5分です」と言っても、客には損した気が残ってしまうものなんだ。

受験勉強的に言えば5分で問題解決できる職人の方がエラい。ビジネス的にもその方が生産性が高い。だけど雑談を交えたり修理の過程を見せたりしながら時間を

かけた方が満足する客の方が多い。仕事は客が満足してナンボ。つまり相手がある。そして相手の満足度とは時に生産性とか効率とかよりも、「どれだけ自分のために尽くしてくれたか」と感じる、効率とは対極にあるところが重要だったりする。さらにこの非効率性がクチコミを呼んで客が増え、結果的にビジネスの効率性が上がる。これが学校の勉強と仕事の一番の違いだと父さんは考えてる。「同じ結果が出るなら最も低コストな方法で」って話をしたよね。父さんが時々作る「インチキ焼豚[※1]」は日常生活への応用例の一つ。ものの10分でできる料理だけど、食べると半日煮込んだ焼豚と遜色ない。だけど中華料理店でメニューにこのインチキ焼豚を加えても、売れない気がするね。どう見ても手間暇かかってないから。

また、ほとんどの仕事は複数の人たちが協力して進めるから、チームワークが大事だよね。上下左右の人間関係を円滑にできないと、うまくいかない。勉強はできるけど仕事がうまくいかない人の典型は、一見非合理的な客の満足を軽視したり、勉強ができるからとエラそうにして嫌われたりする人。

父さんは常々「勉強と筋トレは裏切らない」と考えてる。どちらもすべてが自分次第で結果を得る過程で他人の影響を全く受けない。勉強には素質が必要だし、筋

※1【材料：2人前】豚バラまたは豚ロース薄切り100g／小麦粉大さじ1／塩・コショウ／和風の基本タレ（醤油・酒・みりん各大さじ1）／おろししょうが小さじ1

【作り方】

1．豚肉に塩・コショウを振り、二枚ずつ不ぞろいに折りたたみ、ビスケットのような形に整える。
2．両面に小麦粉を薄く振る。
3．フライパンにサラダ油をひき、中火で片面ずつ3分前後、程よく焦げ目がつくまで焼く。
4．和風の基本タレとしょうがを入れ、沸騰したら火を止める。

トレもどんな体になれるかは体質が大きく影響するとはいえ、やればやっただけ成果が出る。ゴールに至る道筋がいくつかあるけれど、その方法はきちんと確立され、検証されている。自分なりのやり方はあるようでない。

加えて学校の勉強は範囲が決まっていて満点がある。試験に出ない範囲を勉強する必要はないし、100点を取れたら60点しかできない他の科目の勉強に時間を使った方がいい。でも仕事の場合は範囲が決まってないし、大事なことは相手によって変わる。100点を取れたら120点、150点を目指さないと競争相手に負けちゃうし、点数を付けられない仕事も多い。一般論で言えば点数が付けられる仕事の給料は安くて、部下に点数を付ける人がそれよりちょっと高くて、採点基準はよくわからないけど結果はしっかり持ってくる人の給料はもっと高い。そして最も給料の高い仕事は、点数の基準自体を作り上げる仕事だ。つまり新しいビジネスを興したり、チームワークが円滑になるような仕組みを作ったりする仕事のことね。

だから学校の勉強はもちろん大事だけど、部活や文化祭の活動を一生懸命やって、日ごろから友達と仲良くするのも、同じように大切なことなんだ。学校の仕組みに批判的な人もいるけど、極めてよくできたシステムだと、父さんは思うね。

第6講

父さんのしくじり
――後悔と反省

01 父さんの過去は負けの連続だった

■借金で投資は絶対にしてはいけない

父　これまで株式投資に関するいい話を中心にとりあげてきたんだけど、今回は悪い話をしていきたい。
だいぶ前の話だけど、知り合いが睡眠薬を大量に飲んで自ら命を絶った。残されていた遺書には投資の失敗で莫大な借金ができた。生命保険で返してほしいと記されてあったそうだ。

梅三　こわ！

父　投資に失敗して一文無しになるケースは少なくない。本当に悲しい話だよ。でもちょっと考えてほしい。普通に株式投資をやっていて借金ができるってのはあり得ないんだ。第１講で話したけれど、株式投資の最悪の結果は元手がゼロになることだ。それ以上損することはない。

梅三　だったら何で借金ができちゃうの？

父　それは**「信用取引」**という仕組みがあるから。簡単に言うと、**証券会社が株を買うためのお金を貸してくれる**んだよ。

梅三　借金してまで株をやるなんて信じられない。

父　普通は誰でもそう考える。ところがちょっと株でうまくいき出すと「元手があればもっと金を増やせるのに」と考えるようになっちゃうんだよ。具体的にはこうだ。１００万円の資金を元手に株式投資を始めて数カ月で10％増えた。まともな頭で考えれば「何もしないで10万円増えた、神様ありがとう」となる。ところがそれを自分の実力だと勘違いしてしまう。自分は数ある上場会社の中から絶対上がると思った銘柄を厳選し、ベストなタイミングで買った。もっと買ってたらもっと儲かったのにな、てな具合にね。

竹二　２００万円買ってたら20万円儲かってたのに！

父　そう、それだ。そこでちょっと勉強すると信用取引という仕組みのことを知

図表30　信用取引で株価が2分の1になったら…

取引形態	株価が1／2になった場合の損失額	残る資産	残る負債
現物取引 ・自己資金100万円で100万円の株式を購入	100万×1／2＝50万円 **損失は50万円**	資産50万円	負債0円
信用取引 ・自己資金100万円で300万円の株式を購入	300万×1／2＝150万円 **損失は150万円**	資産0円	負債50万円 ＝これは**追証**

出所：著者作成

るに至る。すると手持ちのお金の3・3倍まで取引できると書いてある。ということは自分みたいな才能のある人間なら3倍儲かると考える。

梅三　俺もそう思っちゃうかも。

父　確かに買った株が上がれば3倍儲かるけど、損をしたときには3倍損する。例えば、自分のお金で株を買う、これは「信用取引」に対して「現物取引」と呼ぶけれど、現物取引の場合、自己資金が100万円なら取引できる金額も100万円だ。でも信用取引なら100万円の自己資金で最大約3・3倍の約330万円までの取引ができる（図表30）。

竹二　100万円の元手で330万円分の株を買うことができるってことね。

父　そうだ。その結果上がれば3倍儲かるけれど、問題は下がった時だ。仮に株価が半分になっちゃったとしよう。現物取引なら ば損失は50万円で済むが、信用取引だと150万円の損になっちゃう。これは元手 の100万円を超える損失だ。この分の50万円は借金になってしまう。

梅三 こわ！

父 そうなんだ。しかも信用取引独特の問題がある。現物取引の場合は株価が2分の1になっても、売らずにそのまま持っていれば50万円の損失は確定しない。反転して上がるのを待つこともできる。それがいいかどうかは別としてね。しかし信用取引の場合は、元手に対する損失が証券会社が定める基準を超えると、その分の現金をすぐに入れないといけない。これを追加証拠金、略して追証《おいしょう》と呼ぶ。

梅三 さっきの例だと、50万円を証券会社に払わないといけない、ってこと？

父 50万円満額ではないけど、それに近い金額を入れなきゃならない。それもすぐにだ。追証が払えれば、その株は持っていることができるから、現物株と同じように反転するまで待つこともできる。でもすぐに追証が払えないと、強制的に持っている株は売られてしまう。

竹二・梅三 えー！

父　そうすると、元手が全部パーになったうえに、借金も残るというわけだ。

竹二　恐ろしいねぇ。

父　まだあるよ。仮に手元に現金が用意できて、株を持っている株は反転すると考えて追証を払うとするじゃない。その時点ではいいんだけど、さらに株価が下がっていくと、また追証、追証、となる。するとさらに現金が必要になって、どっかで払えなくなる。

竹二　元手が大きければ大きいほど、借金の額も大きくなるってことだよね。

父　ご明察。かくして破綻に追い込まれる、というわけだ。だけど、短期的には株価の上下は1／2だからやっぱり勝つ人もいるんだよね。するとますます自信過剰になっていく。自分は銘柄選びの才能がある。信用取引したら3倍儲かった。もっと金があればもっと儲かるはずだと、どんどん自信過剰になっていく。そうやって探していくと、見つかるんだよね、もっと倍率の高い商品が。

梅三　まだあるの？

父　あるんだよ。例えば日経平均先物。仕組みが複雑だし絶対に勧めないからここでは詳しく説明しないけど、日経平均先物は元手の1000倍の取引ができる。

竹二　1000倍⁉

父　日経平均先物は10円単位で変動するんだけど、日経平均が10円動くと1万円損益が変わる商品を、だいたい100万円前後の元手で取引できる商品だ。[※1] 日経平均が100円上がると10万円増える、かなり変動幅の大きい、つまりハイリスクな商品だ。

竹二　日経平均が1000円下がると、100万円マイナスで、元手がゼロになるってこと？

父　そう。信用取引の3倍では満足しない自信家はここにたどり着く。そしてほとんどの人は元手をゼロにして撤退する。何を隠そう、その一人が父さんだ。

梅三　マジで？　どれくらい損したの？

父　かなり損した。言えないくらい。

竹二　いつ頃のこと？

父　09年から11年にかけてくらいかな。

信用取引は絶対やるな！
山崎家家訓！
一、信用取引はやるな！
○○証券
請求！
元手
追証
にゃ〜！

※1　SPAN証拠金と呼ばれ、毎日変動する。

竹二　そのお金でＧＡＦＡ買っとけば良かったのに。

父　全くその通りだよ。当時は本当に株式投資のことがわかっていなかった。でも一応言い訳をすると、テクニカル分析の実証をしてたんだよ。第3講でテクニカル分析を一通り検証したと話したけど、あれは日経平均先物を実際に運用して試してたんだ。いろんな条件設定ができるロボットを使ってね。なんかうまくいく方法があるはずだと期待してたけど、結局なかった。高い授業料だったわ。

竹二　コメントしづらいです。

父　コメントは不要です。

■大損はお金を失う以上のロスがある

父　その他個別の銘柄でもたくさん損した。それがさっきの日経平均先物に手を出すことにもつながるんだけど。つまり損を取り返そうと大きく張って、さらに損したという結果なんだけれど。例えばこんな感じ。

- ライブドア（06年）：飛ぶ鳥を落とす勢いだった堀江貴文氏の会社。ライブドアショックで紙くずに。

- アーバン・コーポレーション（08年）：不動産ブームの波に乗ろうと手を出した。倒産で紙くずに。

竹二 ホリエモンの会社も買ってたんだ。

父 それも事件[※2]の直前に買った。その他にも小さい失敗がたくさんあるんだけど、**すべてに共通する原因は、よく調べもせず評判だけで手を出した**こと。そのせいで大事なお金を減らした。一応決算書とかは目を通してはいたんだけれど、株価が上がってたから買いたい気持ちを正当化するために決算書を眺めていたにすぎなかったんだ、いま思えば。

大損は最悪だよ。お金が減る以上に、精神衛生上、最悪だ。毎日株価が気になって仕方がないから、四六時中ネットで株価情報見てるし、大損が始まると夜中に目が覚める。健康が損なわれて仕事にも悪影響を及ぼす。だから日経平均先物で懲りてからしばらく、11年から17年頃までかな、その間一切株式投資は休んでたんだ。

竹二 6年間か。結構長いね。

父 この間は株の情報は眺めるだけにした。あとは本も相当読んだね。そうしたらいろんなことがわかってきたんだよ。例えばテレビや新聞とかで専門家が話す株

※2 2006年堀江貴文氏が率いるライブドア社が証券取引法違反の疑いで起訴された。それをきっかけに株式市場が大きく下げた。通称ライブドアショックと呼ばれる。

価分析の情報は、ほとんど当たらないことがわかった。さらに言えばデタラメ情報もたくさんあることに気づいた。

竹二　さすがに新聞やテレビでデタラメはないでしょう。

父　いや、デタラメと言い切れるような情報はかなり頻繁に発信されてると父さんは思うよ。例えば日経平均が下がった時に、株の専門家は「円高になったから株価が下がった」と発言して、為替の専門家は「株価が下がった影響で円高になった」とコメントしたりする。これじゃ因果関係がめちゃめちゃだ。

竹二　確かに。

父　要点はそれなんだけど、彼らの発言は専門用語や修飾語を多用してもっともらしく聞こえるんだ。だけど国語の読解問題の解き方で理解しようとすると、要点がさっぱりわからないこともある。その多くが「いまのところ株価は大きく動く可能性は少ないが、何かイベントがあれば大きく動く」と言っているにすぎない。これじゃ何も言ってないのと同じだ。

梅三　それでも父さんは毎朝経済番組見てるじゃん。

父　あの番組では事実だけを確認してるにすぎない。コメントは聞いてるだけ。

ありがたいことに番組の途中途中で「投資は自己責任でお願いします」って教えてくれるし。というわけで6年間休んだおかげで、少なくとも本当に役に立つ情報とそうでない情報の見極めがある程度できるようになったことは収穫かなと思うよ。昔は「専門家」の言うことを鵜呑みにしてたから。

まとめ

- 借金をして投資をしてはいけない。特に**「信用取引」をはじめとした証拠金取引には手を出してはならない**。破綻するようにできている。
- 株での大損は、お金を失う以上に精神衛生上最悪で、健康も損なう。
- よくわからないものに手を出してはならない。
- 専門家のコメントは鵜呑みにしないこと。あるいは専門家の意見の正否や適否が評価できるようになるまで勉強を重ねること。

02 あの時こうしておけば……

■株式投資はタラレバの連続だ

父　さっきまでは実際に父さんが損した話をしてきたけど、今度は魚を逃した話をしたいと思う。

竹二　ニトリとかかつやみたいな話？

父　そんなところかな。先に断っておくと、株式投資は「タラ・レバ」、つまり「あれ買っといタラ……」、「これを持っていレバ今頃……」の連続だ。そもそも全てのチャンスに投資できるほど資金的余裕がある人なんていないしね。「タラ・レバ」の話をしても無意味だという意見もあるんだけど、これから長い投資家人生を歩む君らには、役に立つんじゃないかと思うんだ。

梅三 失敗から学べって野球の監督がいつも言ってる。

父 ま、そういうことだ。まず父さんが勤めていたアクセンチュアという会社の株の話からしよう。この前触れた通りアクセンチュアの株はいま330ドルくらいになってるけど、これは01年の上場から、20年で約24倍になった。

竹二 すごい。その頃からずっと持ってるの？

父 いや、いま持っている分はこの前話した通りコロナ禍が始まってから、つまり2020年に買ったもの。でも実はストックオプション※3をいくらか持っていた。当時の時価で総額400万円くらいだった。それをそっくりそのまま持ち続けていればいま頃9600万円になっていた計算になる。でも03年に会社を辞めるタイミングで全部売って現金にしちゃった。

梅三 えー、もったいない。

父 いま思えばね。だけど父さんはアクセンチュアをやめて自分で商売をやると決めたから、タネ銭が必要だった。この講座のテーマに沿った表現を使えば会社設立のための資本金が必要だった。だからストックオプションを現金化、つまり株を売って、そのお金を元手に商売を始めた。それからもうすぐ20年になるけど、その

※3 株式会社の従業員や取締役が、自社株をあらかじめ定められた価格で取得できる権利のこと。

タネ銭のおかげでいままで続いているビジネスを始められた。

梅三　９６００万円よりは儲かったってこと？

父　そりゃ当たり前だ。だって20年で割り算してみなよ。年あたり４８０万円でしょ。それくらい稼げないんだったら商売なんてとっくに辞めてる。

竹二　だったら全然後悔の話じゃないじゃん。

父　ポイントはそこじゃないんだ。父さんはあの会社の当時の戦略が実現するとは到底思えなかったんだけど、実際は当時の計画以上に成功したことなんだ。

竹二　どういうこと？

父　上場企業クラスの会社は、大規模な情報システムを持っている。この情報システムは工場の部品や出来上がった製品の数を管理したり、社員のデータを管理したり、売上やコストなどの会計データを管理している。

竹二　会社のウェブサイトとかもそう？

父　そう。大きな会社はありとあらゆる仕事に情報システムが使われている。そしてアクセンチュアはこういうシステムを開発する会社だ、というか、だった。

竹二　過去形なの？

父　いまももちろんやってるけど、それだけじゃなくなった。各企業の情報システムは、一般に「情報システム部」と呼ばれる組織が管理しているんだけど、00年頃からアクセンチュアは、そうした情報システムを情報システム部の代わりに運用しますよ、何なら情報システム部という組織も運用代行しますよ、というビジネスに力を入れると宣言した。こういうやり方をアウトソーシングという。

梅三　よくわからない……。

父　当時父さんが持っていたイメージを例えて言うなら、君らの学校の教材を、教科書だけでなく小テストなどのプリントも全部代わりに用意しますよ、何なら先生もうちが派遣しますよ、というビジネス。その場合、君らの学校の先生は○○中学・高校に勤めているのではなく、所属はアウトソーシング会社だけど、派遣先が君らの学校、というふうになる。

梅三　そんな学校あるの？

父　いや、ないと思う。あくまでたとえ話。でも、20年前は情報システムを他の会社に管理してもらうことすら稀だったし、情報システム部という組織そのものを他社に任せるということは皆無だった。だから、父さんはそんなビジネスがうまくいくはずがないと思ってた。ところが、だ。

竹二　実際はうまくいった、ということ?

父　そう。大成功した。いまや世界中の大企業の情報システムを管理している。企業だけじゃなく、公共事業もたくさんやっている。そして情報システムのアウトソーシングで世界トップクラスの会社になった。その結果が20年で株価24倍。こうなるとは全く予想がつかなかった。

竹二　学校の先生をアウトソーシングしちゃう、みたいな話だものね。

父　それくらい実現できなさそうな話だと思った。だからあまり将来性はないかなと考えていたんだが、大間違いだった。さて、ここからが父さんの言いたいこと。

■頭脳とカネのある企業は未来を実現してしまう

父　それはね、**「本当に頭のいい人何人かで考えたことに、十分な資金が投入されると、未来は実現してしまう」**ということなんだ。アクセンチュアみたいな会社はもともと頭のいい人たちが集まってるんだけど、その中でも本部で戦略を練っているような人は世界でもトップクラスの頭脳を持っている。その人たちが企業における情報システムの今後のあり方を考えた。もちろんいくつかのシナリオがあったと思うんだけど、アウトソーシング事業を伸ばすと決めた。それをやるには大量の資金が必要だと見積もった。だから上場した。そして集めた資金を計画通りに使って、自分たちが描いた未来を作り上げていった。父さんはそう解釈してる。

梅三　なんか、カッコいい！

父　ああ、実にカッコいい。これまで取り上げた株価が伸びている会社は皆それをやっている。GAFAMも、ソフトバンクも、ユニクロも、ニトリもそうだ。**世の中には頭のいい人はたくさんいる。お金がある人もたくさんいる。でも両方がないとダメなんだ。加えて実行力も必要だ。**お金を集めるのは大変だし、集めたお金をちゃんと使うのも勇気がいる。結果が出るまではお金が減ってく一方だからね。

竹二　考えてるだけじゃダメだってことか。

父　そうなんだ。ソフトバンクの孫さんなんてさ「日本のインターネットを安くする」と言って、首都圏の各駅にアルバイトを何人も置いて、行き交う人に声をかけてモデムを売りまくった。人海戦術だからお金もかかるし非効率極まりない方法なんだけど、それでも目標の契約件数に達するまでそれをやり続けた。携帯電話事業に参入するためイギリスのボーダフォンという会社を買収したんだけど、この時も反対意見が多かった。[※4]だけどちゃんと収益の出るビジネスにした。インターネット回線と携帯電話というインフラをしっかりビジネスにしたことで、ソフトバンクは巨大企業にのし上がったんだよ。

竹二　なるほど。

父　ニトリの創業者だって昔は死ぬことばかり考えてたって言うからね。

梅三　ホントに？

父　著書[※5]によればニトリの創業者・似鳥昭雄さんは若い頃に家具のディスカウントストアを立ち上げた。開店当初は飛ぶ鳥を落とす勢いだったのだが、近所に大型家具店ができたら急に売れなくなった。手元のお金がどんどん減って、金融機関もお金を貸してくれなくなって倒産は秒読み状況だった。そんな日々が続く中、アメリカの家具店を視察するセミナーの話があり、藁にもすがる気持ちで50人あまりの同業者などと視察に参加した。現地に行ってまず驚いたことは、洋服タンスや整理タンスなど日本でおなじみの箱物家具がない。アメリカの家ではクローゼットの中に組み込まれているからだ。アメリカの家具は部屋でしっかりとコーディネートさ

※4　それでも投資に踏み切ったのは、孫さんは昔から「豆腐屋をやりたい」と宣言していたから。つまり「一(丁)兆、二兆」と数えられるほど、大きなビジネスをやるということ。

※5　『運は創るもの——私の履歴書』(似鳥昭雄著、日本経済新聞出版)

れ、ダイニングやリビングも豪華で美しい。しかも日本の価格の１／３。参加者は口々に「米国と日本は違う世界だね」と言ったが、似鳥さんは「同じ人間がやっているんだ。日本人も便利さや安さをいま以上に求めるはず」と考えた。帰国し、参加者の中で気のあった仲間と話し合った。「アメリカ風にまねしてみよう」。しかし実行に移したのは似鳥会長ただ一人だけだった。いまのニトリの始まり。

竹二　アメリカ風のコーディネートがなかった時代に、その未来を考えて、それを実現したのがニトリってわけだね。すごいなぁ。

父　アクセンチュアもニトリも、当時は全く理解できなかった。他にもそういう会社は星の数ほどあるんだけど、もう一つだけ例を出すと、グーグル。これも当時は何がすごいのかわからなかった。俺のＧメールアドレスは村上さんから招待してもらってゲットしたものなんだ。

梅三　村上さんって？

父　村上憲郎さん。グーグル日本法人の社長だった人。

梅三　そんな人知り合いなの？

父　うん、たまたま。アクセンチュアで働いてた頃、村上さんが社長をしていた別の会社と一緒にプロジェクトをやっていたことがある。村上さんはその会社を辞めてグーグルの日本法人の社長になった。何かの用事で連絡を取っていた時に、新しくメールのサービスを始めるからよかったらどうぞ、ということで招待してもらった。当時のGメールはまだβ版で中の人からの招待がないとアカウント作れなかったんだよ。いまは誰でもアカウント持ってることを考えると隔世の感があるね。

竹二　友達も皆Gメールアドレス使ってるよ。

父　当時グーグルは本当にまだ駆け出し企業だった。検索サービスがメインだったんだけれど、検索がすごいことがどう儲かるのかが全然イメージがつかめなかった。知り合いも何人か転職していったんだけど、何するんだろうって思ってた。ところが20年経ってみると、君たちも知っている状況になった。

竹二　上場したのはいつだっけ?

父　2004年。上場のニュースは知ってたけど株は買わなかった。全くもって、自分の先見の明のなさには嫌気がさすよ。

竹二　ドンマイ!

父　だけども、でも、言い訳をさせてもらうと、この会社のすごいところは、検索やその他個人向けのサービスを無料にして利用者を増やして広告収入を増やした。その利益と投資家から集めたお金で、新しいサービスを開発したり、買収したりして、創業当時には想像すらしなかったビジネスを行う会社になった。たぶんいまの形になっていることは、創業者ですら想像していなかったと思う。だから投資家は「こいつらは何かやってくれそうだ」という期待をもとに株を買ってたとしか思えないんだ。同じように期待されている会社が他にもたくさんあったけど、グーグルは生き残って大成功した、というあくまで結果論だと思う。

■悲観的な考えは投資に役に立たない

父　これまでいろいろと失敗の話をしてきたけども、失敗の理由は株式投資の意味をきちんと理解していなかったことが原因だった。企業の成長とはどういうものか、株式とは、時価総額とはどういうものかが理解できていなかった。だってアクセンチュアに勤めてた当時は、日本法人の売上すら知らなかったくらいだから。いまは理解できるようになった。

竹二　父さんでもそうなんだ。

父　恥ずかしながらね。あともう一つ失敗の理由として付け加えたいのは、父さんが世の中に対して悲観的だったから。

梅三　全然そんなふうに見えないけど。

父　少なくともいまはね。だけど、投資で失敗していた時期は悲観的だった。理由は勉強しすぎたから。

竹二　どういうこと⁉

父　勉強ってのは、既に事実として確定したことを頭に入れることだよね。日本経済はバブル以降低迷して、平均所得は一向に上がらない。高齢化はますます進んで社会負担は増すばかり。だから日本経済の先行きの見通しは暗い。

竹二　俺もそう習った。

父　それを何とかしようとアベノミクスが始まった。これが始まってから株価も上がったし雇用も増えた。しかし国の財政赤字は増える一方で、日銀が上場企業の大株主になるなど、新しい問題も発生した。これらの情報に基づいて論理的に考えると、やっぱりあんまり明るい未来はない。

梅三　やっぱ暗いんだ。

父 ところが日本の企業業績はゆっくりとだが良くなって、日本の上場企業の利益は年々増えている。任天堂は次々に新しい製品を成功させ、ソニーも復活した。過去10年近くの状況を見ると、テレビや新聞が暗い話題ばかり報道していても、ちゃんとした企業は成長するということ。一方父さんは世の中に対する見方が悲観的で、その考えを正当化するために暗い話題ばかり目が行って、明るい話題に対して懐疑的だった。5年位前かな、この考え方が間違ってるというのに気づいたのは。

竹二 何でそう思ったの？

父 スマホやウェブに配信されるニュースが同じ話ばかりで、ダイエットやアンチエイジングの広告ばっかり表示されているのに気づいたとき。世の中こんなに話題があるのに、おかしいよね。考えてみたらスマホやウェブのニュースは「自分が読みたいと思っているニュース」だけを峻別して配信してるんだなと。

竹二 確かに俺のスマホにはアンチエイジングの広告は来ない。

梅三 俺も。

父 そして悲観的なモノゴトの見方が無意味だと確信したのは、『FACTFULNESS』[※5]って本を読んでから。世の中はこれまでよりもあらゆる面でずっと良く

※5 『FACTFULNESS（ファクトフルネス）10の思い込みを乗り越え、データを基に世界を正しく見る習慣』（ハンス・ロスリング、オーラ・ロスリング、アンナ・ロスリング・ロンランド著、上杉周作、関美和訳、日経BP）

なっているという事実をこの本は教えてくれた。それと同じ視点で企業や株式市場を見つめ直したら、それらは事業と投資の活動を通じて世の中をより良くしようとしている人たちの集まりであると捉えられるようになった。そうであれば上場企業は総じてみれば成長する可能性が高いと考えることができる。

竹二　そうすれば株価は上がると。

父　そうなんだ。だけど個別の企業が本当に成長するかどうかはわからない。自分の経験や周りの事業家を見てて実感するのは、**どんな新規事業も成功するかどうかは事前には全く予測できない**ということ。だってさ、失敗しようと思って始める人はいないでしょ？

竹二　確かに。

父　皆うまくいくと思って何かを始めるんだよ。周りの人を説得して、お金を集めたり予算を取ったりして、お客に一生懸命提案する。それでもうまくいくのは千に三つ。だから最後は確率論、平たく言えば「運」なんだ。

竹二　前回の銘柄選びは適当が一番というのにも通じるね。

父　そう。この話はそれを別の角度から説明しているにすぎない。その運の要素は20銘柄買えば平準化されるのだとも解釈できる。仮に個別の銘柄を買うとしても「分析の結果こうだ」というロジックを持つべきだは思うんだけど、最終的に買う時は「期待」するしかないんだよね。だから投資家になるなら、楽観的な態度で物事を見る習慣をつけないとうまく行かないと思うよ。過去の父さんみたいにね。

まとめ

- 良くも悪くも、自分の見通しが外れた場合には素直に認めること。
- 大言壮語に聞こえる目標であっても、頭脳と資金を持つ会社は新しい未来を自ら構築してしまうことがある。また、いまの大企業は過去にそれを実現している。
- **悲観的な視点を持つと株式投資ではチャンスを逃す**。
- 結局のところどんな会社に投資すべきかは予見できない。成功と失敗はあくまで結果論にすぎない。個別銘柄を買うとすれば、その理由は「分析に基づく論理的帰結」ではなく、「期待」でしかありえない。

COLUMN

起業するか、会社で出世するか

社会の原動力は常に事業家である。過去ずっとそうだったし、これからも間違いなくそうであり続ける。これは断言できる。古くは遣唐使の派遣、コロンブスの航海、スエズ運河の開発など歴史の教科書に載っている出来事はビジネスの言葉にすれば全てが「新事業」であり、着手して結果を出したのは「事業家」だったんだよね。

事業家の仕事は、次のように整理できる。

- 社会的に解決したい問題がある
- 解決のための筋道と出来上がりの姿を描く
- 解決のために必要なお金を集めて、必要なヒトを雇い、モノを調達する
- 問題解決の成果を社会に還元するだけでなく、投資家にも還元する

こう言われてもピンとこないかもしれないね。その一番の理由は野球選手やミュ

ージシャンみたいに活動内容が具体的に見えないからだと思う。でもそれは「社会的に解決したい問題」が様々だから仕方がない。社会的問題のインパクトも大小様々ある。大きな問題を解決した人はメディアに取り上げられたり、巨大なものであれば歴史の教科書に載ったりする。

「事業家って要するに社長のことでしょ」って言うかもしれないね。半分は当たってる。残りの半分が間違っている理由は、組織に属している事業家はたくさんいるし、組織に属さないとできないことに取り組んでいる事業家もたくさんいるからだ。大きなことは大きな組織に属していないと実現できない。いまの世の中は資本主義だから、お金をたくさん使わないと多くの人に役に立つような事業はできないんだ。

この表現に嫌悪感を持つ人がいるかもしれないね。じゃあスーパーに売っているプリンを思い浮かべてみよう。あのプリンを１００円で売るためには、たくさんのお金が要る。プリンを大量生産する機械はものすごく高い。メーカーにお願いして独自に作ってもらわなきゃならない。容器だって、きれいにデザインされたラベルだって、10個とか１００個とかの単位で仕入れてたら、それこそ容器代だけで１個

100円になっちゃう。材料だって卵がたくさんいるから養鶏農家に安定的に供給してくれるようお願いしなきゃならない。頼まれた養鶏農場もお金を使って設備を作んなきゃならない。卵を仕入れる量が急に増えたり減ったりしたら、養鶏農場に迷惑かけちゃうよね。だから事前に計画を立ててその通りに卵を買わなきゃいけないし、そのためには当然計画的に量を売らないといけない。いま話した一連の過程を毎日きちんと実行するためには、大金が必要だ。お金をたくさん使えば多くの人に役に立つような事業ができる、っていう意味が分かってもらえたかな?

その一方で街のケーキ屋さんみたいなビジネスもある。スーパーのプリンと比べたら作る量が少ないから値段はどうしても高くなっちゃうけど、買ってくれる人がいる限りはビジネスは成り立つ。あんまり儲からないかもしれないけれど、自分の手で作ったプリンを、顔の見えるお客さんに売る仕事からは充実感を得られるよね。

量産プリン工場も街のケーキ屋も、どちらも社会的な問題を解決してる。町のケーキ屋は個人で始められるけど、工場を作るのは個人ではできない。食品メーカーで経験を積んで、上司からも部下からも取引先からも「この人ならやってくれそうだ」と信用してもらって初めて工場長になる。この工場長はまさに事業家だよね。「起業か出世か」という問いに答えるならば、やりたいことがあるかどうか次第ということになる。やりたいことが見つかった時、その規模の大小によってどちらかを天秤にかければいいと思う。起業すれば大儲けできる可能性もあるけど、一文無しもありうる。だから得られる給料の期待値を試算したら、社内事業家の方がむしろ多いかもしれない。だって使えるお金と利益は比例するのが資本主義だから。

最後に一つだけ。**最悪なのは、ただ「社長になりたい」「出世したい」という人ね。具体的な事業があって、それをどうしたいかという明確な目標がない人は起業しても出世してもたいてい失敗**する。だからまずは大きくても小さくてもいいから、解決したい社会的な問題を見つけて、それに取り組んでみることだよ。そうすればお金も人も後からついてくるよ。

第 7 講

いざ、実践。

01 ドルコスト平均法でインデックスファンドを買うべし

■投資初心者の最初のステップ

父　さて、今回は入門編の最終講義だ。前回のニトリの創業者の話の通り、実際に行動を起こさないと何も起こらない。そして行動を起こせば次々と新しい学びが得られて最初の一歩を踏み出したときには見えなかった世界に行ける可能性があるのは、グーグルの成長の話でした通りだ。

梅三　やっとかー。長かったわ。

竹二　どの株買おうかと迷ってる。

父　最初に断っておくけど、最終講義の内容はある意味つまらない内容になると思う。結論を先に言うと、個別銘柄、つまり特定の会社の株式を買うことは勧めない、ってか許可しない。

竹二 えー、何で⁉

父 これまで個別株の魅力を伝えてきた。GAFAM、ニトリやかつやのアークランドサービスホールディングス、現在から過去を見れば、上がった株はたくさんあった。父さんの保有銘柄も公開した。最近はおおむねパフォーマンスがいい。その理由の半分は運、残りの半分はここ最近の株式相場が活況だったからだ。

竹二 じゃあ、実力関係ないじゃん。

父 実はそうなんだ。さすがにゼロとは認めたくないけれど、どれだけひいき目に見積もっても、父さんの銘柄選びが結果に与える影響は数パーセント以下だと思う。その数パーセントの範囲で、ちゃんと手触り感を持って理解している銘柄だけを買っている。昔はとにかく手痛い失敗をした。「専門家」の予測を鵜呑みにしたり、株で儲かってる友達の話に影響されたり、チャート分析で非論理的な判断をして大損こいた。さらに相場、つまり値段が上がったり下がったりすることのプレッシャーに負けて、高値買いの底値売り、暴落時の狼狽売りなどを何度も経験して、相場との付き合い方にも慣れてきた。

さらに言えば株式投資の経験だけでなく、それ以上にビジネスの経験を積んだ。会社勤めをやって、自分で会社をゼロから立ち上げてこれまで生き残ってきた。自分の会社を売ったこともあるし、未公開のベンチャー企業に投資もしている。自分の会社にも他人から投資してもらっている。そういう経験をベースに投資する銘柄を選んでいる。会社勤めをしながら株式投資を長期間続けられている人は、社会と経済、そして企業活動について、それぞれ自分の仕事を通じて見る目を養ってきている。**だからいままで勉強と部活しかやってきていない中高生が銘柄を選ぶのははっきり言って無理**だ。

竹二　そこまで畳みかけられるとなぁ……。

梅三　父さんのおすすめを買うのはどうなの？

父　たとえ親であっても他人から勧められた銘柄を買うのは投資家失格だ。株式

投資は自己責任。それに竹二と梅三に勧めるんだったら父さんが自分で買う。儲かったらラーメンぐらいはご馳走してあげるよ。大盛もOK。

竹二 それだったら最初の話と矛盾してるよ。行動起こせって言ったじゃない。

父 まあそう早まるなって。父さんがダメだって言ったのは個別銘柄への投資。最初はインデックスファンドの投資から始める。インデックスファンドについては第4講で説明したよね。

竹二 日経平均とか、S&P500とかのことだね。

父 そう。ここには実弾を投入する。次がこれからのステップだ。

【インデックスファンド購入のステップ】

1. 手数料ができるだけ低いオンライン証券会社で口座を開設する
2. ジュニアNISA口座を開設する
3. 購入手数料がゼロで信託報酬が安いインデックスファンドを選ぶ
4. 毎月決まった日に同じ額を定期的に買う
5. そのタイミングで市場の動きについての情報を頭に入れる

6. これをまずは1年間続ける

父　これから一つひとつ説明していくよ。

1. 手数料ができるだけ低いオンライン証券会社で口座を開設する

株式投資を始めるなら、まず証券会社で口座を開設しなければならない。選択肢は「大手オンライン証券会社」と検索して表示される会社ならどこでも構わない。取扱商品はほとんど同じだし、最近では取引手数料がゼロ円に設定されている。口座開設に必要な手続きは各社のサイトを確認すること。

2. ジュニアNISA口座を開設する

証券口座を開設したら、次は「NISA」の未成年用の口座「ジュニアNISA」口座の開設をする。[※1] これは余裕資金で長期投資を前提に株式投資を行う人にとっては重要な手続きである。なぜなら税制の優遇があるため。[※2] NISAは国が定めた制度であるため詳しくはネットで検索して理解してもらいたいが、一言で

※1 証券口座開設と同時にできるところが多い。

※2 金融庁のホームページに説明がある。

言えば**一定期間保有した株式の値上がり益と配当金に対する課税が免除される制度**である。第5講の図表32で説明した通り、投資は時間を味方に付けて複利効果を享受するものである。そのため配当や値上がり益が非課税となれば長期にわたってじっくりとメリットを得ることができる。特にこれから始めるインデックスファンドへの投資は長期を前提としており、NISAの利点を生かすためには少なくとも5年間は売らずに我慢する必要がある。

3．購入手数料がゼロで信託報酬が安いインデックスファンドを選ぶ

証券口座を開設すると、証券会社のトップページに様々な商品が一覧で表示される。例として筆者が利用しているSBI証券[※3]でインデックスファンドを買う方法は「投信」のメニューから「銘柄検索・取扱一覧」のページにいき、左側メニューの「ファンドを絞り込む」という欄から、以下の条件に該当する商品を探す。

- ファンド分類：国内株式、国際株式
- 買付手数料：無料
- 信託報酬：0・55％以下（最低水準）

※3 SBI証券のホームページ。

・特色：インデックス

この条件で検索を行うと、135件（2021年9月7日時点）の投資信託がリストアップされる（図表31）。その中から日経225、S&P500に連動するファンドを選ぶ。選び方は、前述のパワーサーチ条件を選択状態にしたままで、検索バーに「日経225」などと入力する。まず「日経225」のキーワード条件では14件出てくる。結果の表示されたページのタブから「手数料等費用」を選択し、リストの項目名「信託報酬」で並び替え、最も信託報酬の安い銘柄を選ぶ。

この中だと0・143％と最も信託報酬が安い投資信託としてランクされたのが「PayPay－PayPay投信　日経225インデックス」。念のためその銘柄がこれからやる方法に合致しているかどうかをチェックする。チェックポイントは以下（インデックスファンドは全て当てはまるはずだが、あくまで念のため）。

・信託財産留保額（※解約時に差し引かれる費用）：なし
・解約手数料（※販売会社に払う解約のための実費）：なし
・買付単位（※買付のための単位。金額や口数などファンドによって異なる）：金額：100円以上1円単位

図表31 SBI証券HPでファンド検索すると…

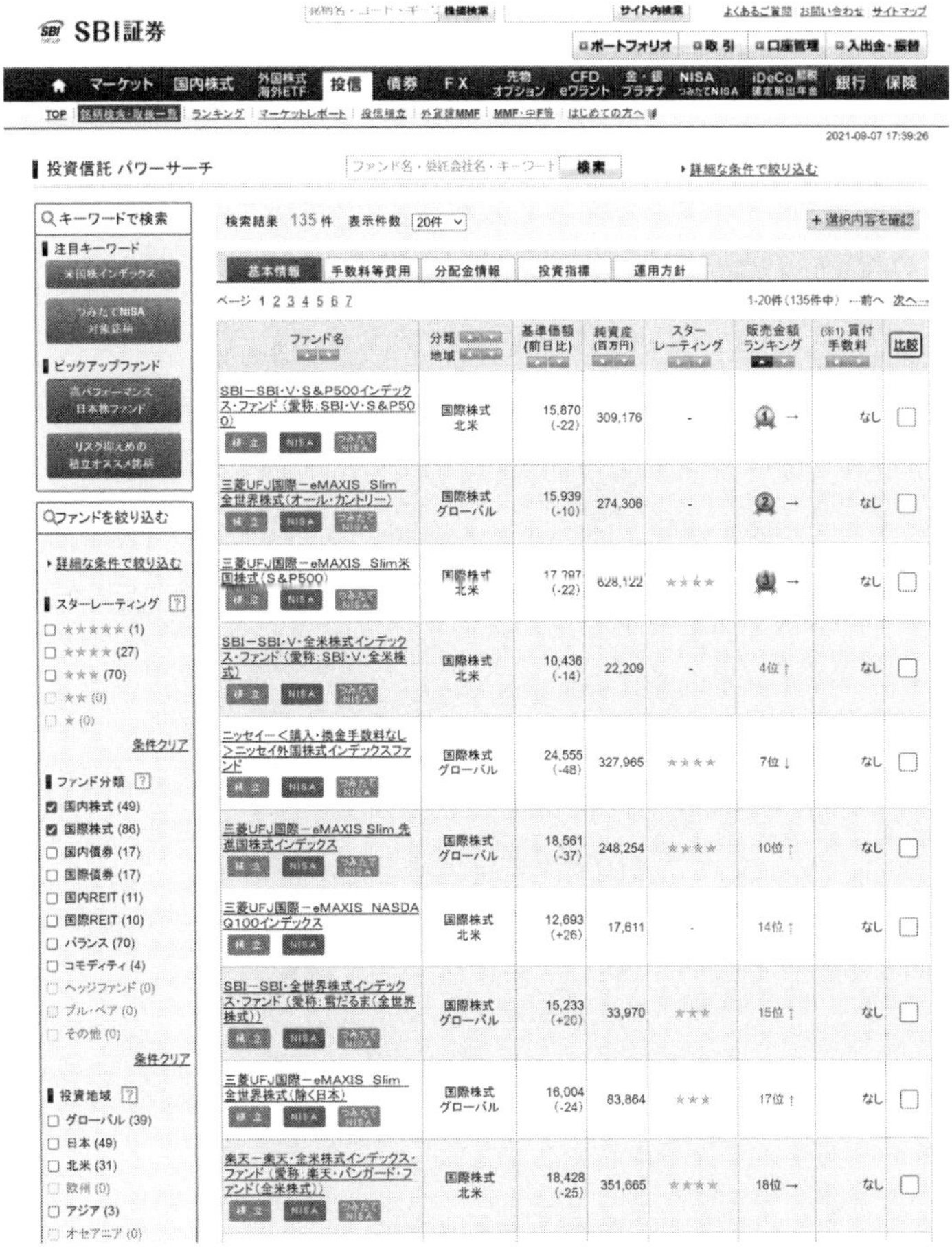

SBI証券
サイト内検索
よくあるご質問 お問い合わせ サイトマップ
ポートフォリオ 取引 口座管理 入出金・振替
マーケット 国内株式 外国株式 海外ETF 投信 債券 FX 先物 オプション CFD eワラント 金・銀 プラチナ NISA つみたてNISA iDeCo 銀行 保険
2021-09-07 17:39:26
投資信託 パワーサーチ
検索
詳細な条件で絞り込む
キーワードで検索
注目キーワード
ピックアップファンド
ファンドを絞り込む
詳細な条件で絞り込む
スターレーティング
★★★★★ (1)
★★★★ (27)
★★★ (70)
★★ (0)
★ (0)
条件クリア
ファンド分類
国内株式 (49)
国際株式 (86)
国内債券 (17)
国際債券 (17)
国内REIT (11)
国際REIT (10)
バランス (70)
コモディティ (4)
ヘッジファンド (0)
ブル・ベア (0)
その他 (0)
条件クリア
投資地域
グローバル (39)
日本 (49)
北米 (31)
欧州 (0)
アジア (3)
オセアニア (0)
検索結果 135件 表示件数 20件
+選択内容を確認
基本情報 手数料等費用 分配金情報 投資指標 運用方針
ページ 1 2 3 4 5 6 7
1-20件(135件中) 前へ 次へ
ファンド名 分類 地域 基準価額(前日比) 純資産(百万円) スターレーティング 販売金額ランキング (※1)買付手数料 比較
SBI－SBI・V・S&P500インデックス・ファンド(愛称:SBI・V・S&P500) 国際株式 北米 15,870 (-22) 309,176 - 1 → なし
三菱UFJ国際－eMAXIS Slim 全世界株式(オール・カントリー) 国際株式 グローバル 15,939 (-10) 274,306 - 2 → なし
三菱UFJ国際－eMAXIS Slim米国株式(S&P500) 国際株式 北米 17,297 (-22) 628,122 ★★★★ 3 → なし
SBI－SBI・V・全米株式インデックス・ファンド(愛称:SBI・V・全米株式) 国際株式 北米 10,436 (-14) 22,209 - 4位↑ なし
ニッセイ－<購入・換金手数料なし>ニッセイ外国株式インデックスファンド 国際株式 グローバル 24,555 (-48) 327,965 ★★★★ 7位↓ なし
三菱UFJ国際－eMAXIS Slim 先進国株式インデックス 国際株式 グローバル 18,561 (-37) 248,254 ★★★★ 10位↑ なし
三菱UFJ国際－eMAXIS NASDAQ100インデックス 国際株式 北米 12,693 (+26) 17,611 - 14位↑ なし
SBI－SBI・全世界株式インデックス・ファンド(愛称:雪だるま(全世界株式)) 国際株式 グローバル 15,233 (+20) 33,970 ★★★ 15位↑ なし
三菱UFJ国際－eMAXIS Slim 全世界株式(除く日本) 国際株式 グローバル 16,004 (-24) 83,864 ★★★ 17位↑ なし
楽天－楽天・全米株式インデックス・ファンド(愛称:楽天・バンガード・ファンド(全米株式)) 国際株式 北米 18,428 (-25) 351,665 ★★★★ 18位→ なし

●売却単位（※売却のための単位。金額と口数がありファンドによって異なる）
：金額：1円
●分配金受取方法（※決算で分配金が支払われた時の受取り方）
：金額：受取または再投資
●償還日（※投資信託の運用が終了する日、満期日のこと）：無期限
これと同じことを、S&P500で繰り返す。
「S&P500」の検索ではSBI証券が運用する「SBI・V・S&P500インデックス・ファンド」が選ばれた。

そこで、今回の投資対象として選んだのは、以下の3つの投資信託である。
●PayPay投信　日経225インデックス
●SBI・V・S&P500インデックス・ファンド

4．毎月決まった日に同じ額を定期的に買う

予算を決めよう。金額は多すぎても少なすぎてもいけない。君らの金銭感覚を考

えると月1000円くらいがちょうどいいと思う。100円だと金額が小さすぎるし、5万円や10万円だとちょっと多すぎる。毎月末の金融機関の最終営業日に二つのファンドそれぞれを1000円ずつ買うことにしよう。やり方は簡単だ。銀行口座から証券口座に2000円分移す。これは何カ月分かまとめて移しておいてもいい。そして各投資信託のリンクをクリックし、「金額買付」をクリックする。

そうすると次のような画面が表示される。設定するのは黄色で囲まれた領域。設定項目は以下の3つ（図表32）。

- 預り区分…ここは「（ジュニア）NISA」の画面を選ぶこと。特定口座／一般口座を選んでしまうとNISAの恩恵が受けられない。
- 購入金額…金額を入力。なお今回から買う1000円は、この投資信託の時価を表す「基準価額」以下の金額だが、それでも証券会社が計算して金額分の口数を割り当ててくれるので問題なく買える。この場合は1000円÷10,297円だから、約0・097口購入できる。
- 分配金受取方法…必ず「再投資」を選ぶこと。再投資を選べば、分配金が支払われた時に自動的に証券会社がこの投資信託を分配金額分買って割り当ててくれる。なおジュニアＮＩＳＡ口座だから、分配金に対して課税はされない。これを、日経２２５とＳ＆Ｐ５００の投資信託に対して実行する。

5．購入時に市場の動きについての情報を頭に入れる

投資信託を買うタイミングで、日本とアメリカの株式相場ニュースを一通りチェックする。基準価額が必ず前月より上がったり下がったりしている。それについてどんなニュースが語られているのかを斜め読みする。なお**相場のニュースは毎日チェックする必要はない。１カ月に一回で十分だ。その代わり最低でも１時間はかけること。わからない言葉や考え方が出てきたときには、自分で調べたり、父さんに聞いたりしてほしい。**ちなみに投資信託は毎月決まった日に自動的に買うように設定することもできる。しかしいまはこれをお勧めしない。これは毎月一回必ず株式相場について勉強する時間を持ってもらいたいからだ。

6．これをまずは１年間続ける

これを１年間続けている間に、いろんなことが起こるだろう。お金が増えていれ

図表32　SBI証券買付画面

ばあれが欲しい、これも買いたいと、投資信託を売って現金を引き出したい欲望にかられる。一方、買った投資信託の値段が下がっていれば、これ以上損したくないという恐怖に押しつぶされて一刻も早く売ってしまいたくなる。この欲望と恐怖に1年間じっくり付き合って、耐えてほしい。株式投資において必要な努力とは、忍耐のことである。

父　ここまでが、実行の

第一ステップだ。何か質問ある？

竹二　だいたいわかった。あとはやってみないとわからない。

梅三　お金はどうするの？

父　お前らがずっとお年玉を貯めてた分があるだろ？　それを投入する。

梅三　えー、そう来たか！

父　ああ、本気だ。母さんに聞いたら結構貯まってるって聞いたぞ。銀行に預けといたって全く増えないよ。

梅三　でもゼロになっちゃうかもしれないし……。

父　大丈夫。短期的には減ることもあるだろうけど、長期的には増える可能性の方が高い。日本でもアメリカでも上場企業の人たちは皆ビジネスを拡大しようと頑張ってる。それを信じるんだ。

竹二　俺は逆にもっと買いたいな。とりあえず貯金のうちすぐに使わないお金全部買ってもいい？

父　一度に買うのはよろしくない。いまがいいタイミングかわからないから。

竹二　じゃ、タイミングを見計らって買えばいいのかな。

父 残念ながらタイミングを見計らうことができる人は世の中に存在しない。それができると思っている人がいるとしたら、たまたまラッキーが重なっただけだ。ドルコスト平均法[※4]でコツコツやるのが最も結果がいいとデータで証明されている。

竹二 だったらさ、毎月買う金額をもうちょっと増やすのはダメ？

父 それはまだ早い。一度に大金を投入すると、たぶん気になって毎日チェックするようになる。それは悪いことではないけど、暴落したときに、というか必ず暴落は定期的にあるのだけれど、その時にたぶん正気を保てなくなる。学校の昼休み中もスマホを手放せず、夜も寝られなくなる。たぶん経験ないからわからないと思うけど、まずは少額から始めてマーケットの動きから自分の心が受ける影響に慣れた方がいい。

竹二 損するとそんなに怖いの？

父 ああ、怖い。半端ない恐怖感だ。自分の金が減る恐怖に耐える経験、そしてそんな中でも勇気をもって「購入」ボタンをクリックして感覚を体験してほしい。それに慣れてきたら次のステップに進もう。そのチェックポイントをまずは一年間に設定しよう、そういうことだ。

※4 株式や投資信託を定期的に一定金額ずつ買い付ける方法。株価が安いときは多く、株価が高いときは少ない株数を購入することになり、結果として1株当たりの購入価格は平均化され、価格変動リスクを低減させる効果がある。

梅三　なんか怖いなぁ。

父　もう一つ、個別株に投資する練習メニューも用意した。これは本当のお金を使わないシミュレーションだ。次項で説明しよう。

まとめ

- **初心者は特定の銘柄ではなく、インデックスファンドを買う**ことを強く勧める。理由は個別銘柄を選ぶ能力は現時点ではなく、かつインデックスファンドのリターンが平均的には最も優れているから。
- NISA口座内で、手数料ゼロ、最低レベルの信託報酬の商品を選び、複利効果を最大限享受すること。
- 特定のタイミングではなく、**ドルコスト平均法に従って毎月一定額を買う**ことを強く勧める。
- 少額で始めながら**定期的に株式市場の情報に触れる**ことで、株式投資にまつわる様々なプレッシャーとの付き合い方を徐々に覚えていくこと。

02 個別銘柄にバーチャルで投資する

■練習メニューとしての株式投資シミュレーション

【株式投資のシミュレーション】

1. 投資する銘柄を選ぶ。なぜ買うのかをそれぞれ明確にする。総予算は100万円。
2. 証券口座の「ポートフォリオ」機能を使って、買う銘柄と金額を入力する。
3. 月に一回、ホールド/買い増す/売るか決める。毎回理由を明確にする。
4. 1年間続けて、インデックスファンドとの乖離《かいり》を比較する。

1. 投資する銘柄を選ぶ。なぜ買うのかをそれぞれ明確にする。総予算は100万円。

これまでの講座で取り上げた銘柄、自分の好きな商品やサービスを売っている会社、ニュースで話題になった会社をいくつかピックアップし、どのような会社なのかをまず理解する。そのために以下から情報を仕入れる。

- 最新年度の投資家向け報告書（会社のウェブサイトにある「IR情報」にある）
- 証券会社の銘柄情報のメニューにある内容すべて。中でも特に「株価」「評価レポート」「四季報」の三つを頭に入れること。

これらの内容が理解でき、利益がこれからも増えると考える会社を絞り込み、リストにする。例えばSBI証券では「ポートフォリオ」という機能が用意されている。ここにグループ名をつけて保存することができる。

2. 証券口座の「ポートフォリオ」機能を使って、買う銘柄と金額を入力する。

SBI証券のポートフォリオ機能では、銘柄を備忘録的に保存できるだけでなく、購入日、購入金額を入力しておくと、その時々の時価と比較した損益が自動的

図表33 個別銘柄のシミュレーション

に表示される。ここに買うと決めた日の株価を入力する。総予算は100万円とする。

3．月に一回、ホールド／買い増す／売るか決める。毎回理由を明確にする。

インデックス投資信託を買い増すのと同じタイミングで、自分のポートフォリオをチェックし、それぞれの銘柄について買い増すのか、売るのか、そのまま持っておく（ホールド）かを決める。**いずれの行動をとるにあたっても、必ず自分なりに理由を明確にすること。加えてその時々の気持ちもメモとして残しておくこと。**

4．1年間続けて、インデックスファンドとの乖離を比較する。

インデックス投資と同様1年間継続する。毎月のレビューと決断を継続的に続けることができた段階で、実弾で普通株取引をするかどうか評価する。

竹二　なるほど、これは面白そうだね。

梅三　これならゲーム的にできそう。

父　そう、ゲームだ。株式投資をしているように見えて、実際はしていない。でもバッティングセンターで練習しないと試合では何の役にも立たないことは確かだよね。フォームを固めるでもいいし、実践を想定して狙い打ちするのもよし、いろんな練習方法を調べて実践してほしいね。

梅三　銘柄も自分で選べってことだよね。

父　その通り。「この会社は成長する」と思った会社なら何でもいい。ぜひ自分の分析と感性で選んでもらいたいよ。基本的に聞いたことがある会社から始めるのがいいんだけど、何しろ上場会社は日本だけで約4000社もある。さすがに全ての銘柄を当たって逐一調べるのは時間的にも限界があるから、何か切り口があった方がいいと思うんだ。その一つの道具立てとして「テーマ投資」[※5]というページを紹介しよう。

父　ここには投資の視点となりうる世の中のテーマが紹介されている。大分類を見ていくと一番上に「ポストコロナ関連」というのがあって、その下に「デジタルトランスフォーメーション」「新型コロナワクチン」「旅行」などが小分類として用意されている。

竹二　これ、面白いね。その下の「今月の新着テーマ」にいくと「脱炭素」とか「ブロックチェーン」とかある。

梅三　「半導体」ってのもあるね。

父　そう。世の中ではいろんなことが話題になっていて、それに関係するビジネスを営んでいる会社が存在する。じゃあそれはどの会社だと言うと、例えば梅三の言う「半導体」のアイコンをクリックすると関連する会社の一覧が出てくる。

梅三　下の枠の中にある「構成銘柄」ってところ？

父　そう、東京エレクトロンとか、アドバンテストとか、そういう会社。

竹二　知ってる会社一つもないな……。

※5「国内株式」タブの「テーマ投資」をクリックする。なお本サイトの内容は定期的に更新されるため、サイトにアクセスした時点の内容が本項記載のものとは異なる。

第7講※4

また、『日経業界地図』（日本経済新聞社編、日本経済新聞出版）も参考にしてほしい。日経新聞の記者が180以上の業界・テーマを取材し、各企業の提携・勢力関係、今後の見通し、注目のキーワード等をビジュアルに解説している。

父　いまはそれでいいよ。一つひとつクリックして会社情報を見て勉強していけばいいから。

竹二　上の方にある「購入コース」ってどういうこと？

父　この「5万円」とか「10万円」とかって書いてあるところね。もともとこの「テーマ投資」はSBI証券が「まとめ買い」みたいな機能を提供しているツールなんだ。いま「5万円」が選ばれているけど、下の枠の個別銘柄の表の、左から二番目の列に「数量」という欄があるよね。

竹二　「0株」「1株」「4株」とか書かれている列？

父　そう、それ。つまりここでは5万円の予算内で買える株数の組み合わせが表示されている。金額を増やすと、数量も変わる。

竹二　ホントだ。これいいね。

父　そうなんだ。ただし、ジュニアNISAではこの買い方はいまのところできない。それにこの1年は個別銘柄は買わない約束だし。このツールを紹介したのは、あくまで銘柄選びの参考となる切り口を知ってもらいたかったからなんだ。このテーマ株の整理はものすごくよくできているよ。経済や産業の面で話題となっているテーマのほとんどが取り上げられているし、関連銘柄の選定も適切だ。

梅三 SDGsとか暗号資産とかもあるしね。

父 そう。株うんぬんの前に、現代社会や小論文の試験にも役立つと思うから、リンク先に目を通して一通り読んでおいてほしい。

竹二・梅三 わかった。

父 いずれにしてもインデックスファンドをドルコスト平均法で長期投資するのが平均的には最もパフォーマンスが高いことは明らかだ。だからと言って個別株へのチャレンジをあきらめる必要はない。

そのためにシミュレーションをしながら定期的に株の情報にアクセスする習慣を作りながら、自分のやり方を見つけてもらいたい。株式投資に触れ始めると、モノの見方が変わってくるよ。近所や学校の近くで通り過ぎる店、通学電車の車窓から目に入る看板、友達が持っているモノ、それがどこの会社の製品か、気になりだす。ニュースを見て個別の銘柄も気になってくるだろう。そうしたらとにかく調べて予測してほしい。これから株式投資生活は一生続くよ。楽しんで第一歩を踏み出そう。

まとめ

- 個別銘柄投資の魅力を現時点であきらめる必要はない。**リアルなお金をインデックスファンドに投資しながら、投資シミュレーションを行う**ことを勧める。
- 銘柄は、**少なくとも何をしているかを知っている会社を対象**に、**投資家向け報告書、アナリスト評価レポート、四季報などの情報を理解したうえで選定**すること。

03 お金を儲けてどうするのか

■人類の可能性に賭ける

父　この方法を続けていって、さらに仕事をするようになって経済活動の現場に触れて、これから成長する会社を見つけて上手に投資していけば、**ある程度お金持ちになることは間違いない。**

梅三　間違いない⁉

父　ああ、間違いない。そこで最後にお金を儲けてどうするかを伝えておきたい。前回話したアクセンチュア、ソフトバンク、グーグルの特徴は何だった？

竹二　未来を自分たちで作った、ってこと？

父　その通り。能力もお金もあればやりたいことが実際にやれるようになる。彼らはお金持ちになる過程で多少は見栄にお金を使ったかもしれない。車、家だけじゃなく、宝飾品、クルーザーなどお金持ち向けの商品はいくらでもあるからね。だけど本当の事業家はお金を生むものにお金を使うんだ。お金を生むものとは、突き詰めれば社会的な問題を解決する商品やサービスだ。人々の不満を解消し、利便性を向上させる技術に投資するんだよ。

梅三　前澤さんがお金配ったり月に行こうとするのもそういうことなのかな。

父　父さんはそういうことだと解釈している。ただの売名行為だ、金持ちの道楽だと捉える人は多いと思うけど、父さんがこれまで話してきたことを踏まえて彼の頭の中を想像すれば違った見方もできるはずだ。特に若い人たちが経済的に割を食っている現状を憂慮して、お金があれば才能を開花できる人がいるはずだと考えてお金を配る。個人的に月に行きたいのかもしれないけど、月に行くための技術開発にお金がいるからそれに貢献したいと考えてるんだと、父さんは思うよ。

竹二　でも月に行ってどうするんだろうね。

父　それは行ってから考えればいいんじゃないの。民間人で行ったことある人誰もいないんだから。月に行くための技術開発も同じで、そんな技術開発してどうするって意見もなくはないけど、それは行ってから考えればいいんだと思う。事業ってのはそういうものだ。検索エンジンができてから新しいものを生み出したグーグルと同じでね。

梅三 前澤さんにお金貰った人は遊んで使っちゃうかもしれないよね。

父 それはそれでしょうがない。最終的には確率の問題だからね。使い方を管理して報告出させるようなやり方では新しいものは生まれない。多分これは想像だけど、あそこまで行くと金は天下の回りものだから社会に返そうと純粋に思ってるんじゃないかな。

竹二 でも前澤さんみたいな活動見ると、結局お金って何なのって思っちゃう。

父 富とは何か。現時点での父さんの仮

富とは、過去に掘り出した天然資源の蓄積！
カッコいい〜！
OIL

説は、**過去に掘り出した天然資源の蓄積**だと考えてる。産業革命までは人口は緩やかにしか増えなかった。それは薪炭や水力くらいしかなくてエネルギー代謝がゼロサムだったから。化石燃料をエネルギーに変えることからすべてが始まった。産業革命以前の世界は、温暖な時期はいいけど、天候不順で飢饉が起こり、社会不安が発生して政権が交代するというサイクルの繰り返しだった。だけど現代では便利なものには必ず化石燃料が使われている。科学技術を基にした問題解決は、要するに化石燃料の利用のことだ。ビットコインにもし裏付けとなる価値があるとすれば、マイニング過程で消費された電力[※5]だ。

竹二　じゃ、CO_2排出をなくすと、富が生まれなくなるんじゃない?

父　いままで通りの発想の延長線上で言えばそうなるね。いまある世界の富は、化石燃料がいくつかの過程を経て変換され、蓄積されたものだと考えると、富の反対側には二酸化炭素の蓄積がある。光合成で吸収できるレベルは既に超えて、19年には二酸化炭素の排出量が環境容量の閾値を超えた。地球温暖化は待ったなしという認識が世界中で共有されて、次はSDGs[※6]だ、グリーンエコノミーだと多くの人が言っている。しかし父さんの「富=天然資源仮説」が正しければ、経済的には成

※5 ビットコインのネットワークの維持には膨大な電力が消費されている。推定消費量をケンブリッジ大学がリアルタイムで公表している。https://cbeci.org/

※6 持続可能な開発目標（Sustainable Development Goals）。15年の国連サミットで採択されたアジェンダに記載された16～30年までの国際目標。「貧困をなくす」「気候変動への対策」など17のテーマと169のターゲットからなる。

長しないことになる。

竹二 そうしたら株は上がらなくなっちゃう。

父 株どころか、日々の生計を立てるためのお金も稼げなくなっちゃう。だけどいままでの科学の常識を覆すような解決策を生み出す事業家が必ず現れると思う。その過程ではまがい物も含めていろんな事業が生まれるはずだけど、その事業で使われる技術はホンモノか、その事業は成り立つか。いまの時代に生きる君たちは、それを見極めるために勉強をしている、くらいに考えてほしい。数学、物理、化学、歴史の知識はそのためのもの。英語は世界中で行われている先端的な取り組みを理解するためのツール。会社に入って毎月給料をもらうのも立派だけど、できれば作る側、発信側になってもらいたい。学校の勉強と併せて、今回の講座をきっかけに株式投資の勉強もしてほしい。世の中の仕組みがわかるし、経験を積めば何がうまくいって、何が上手くいかないかが予測できるようになる。就職先を選ぶ時も、人気企業ランキングに踊らされることもない。

いまから株式投資をしておけば、自分がその年齢になった時にどんな企業に就職すればいいか、自分で考える力が付く。就職してからも株式投資は続けてほしい。

お金ができたら自分でビジネスを始めるのもいい。株の仕組みがわかっていれば適切なお金の集め方がわかる。加えて上手にやればお金も増える。株式投資はいいことずくめだ。

梅三　何か楽しみになってきた。

父　最後に一つだけ強調しておきたい。株式投資は明日、1カ月後、来年という短期でお金を稼ぐには向かない。最初から何度も言うように、株価の本質は企業の利益だ。企業が利益を増やすのはとにかく時間がかかる。例えばニトリ。新商品開発には何カ月もかかるし、せっかく作っても売れるものはほんの一握り。店舗を出すためには店長の育成が必要。それでもコツコツやってここまで成長した。来月急に売上が倍にはなり得ないように、しっかりした会社の株価も1カ月で倍になったりはしないんだ。野球も一日ちょっとずつだし、英単語もせいぜい週に100個しか覚えられないのと同じ。ただし勉強やスポーツと違って、利益は自分の努力以外のところで生まれる。企業の利益も複利効果もそうだ。

俺たちができることはただ一つ、**「我慢して待つ」**。これだけだ。繰り返しになるけど、**投資のリターンは我慢に対する報酬**である。これを肝に銘じてほしい。以上です。

まとめ

■ **株式投資とは人類の可能性に賭けること**。人間が皆良い未来を実現しようと努力し続ける限り、企業の資産価値は増加し、結果として株価は上昇する。

■ 株式投資を始めると、世の中を見る視野が広くなり、近い将来の就職活動にも必ず役立つ。

■ 株式投資は本質的に長期的にしかリターンを生み出せない。投資のリターンは我慢に対する報酬である。

おわりに

――過去を分かっているという錯覚が、未来を予測できるという過剰な自信を生む。

ダニエル・カーネマン

本書の結論を読んで、「なんだ、結局インデックスファンドへのドルコスト平均法での長期投資か」と拍子抜けした読者もいらっしゃると思います。ビジネスコンサルタントならではの銘柄選びだけでなくお勧めの銘柄、チャート分析の方法や、デイトレ必勝法、空売りタイミングの見極め方、ひいてはヘッジファンドの活用方法を期待している方に役に立つ情報は、一文字も書かれていません。ではなぜこの方法を勧めるのか。それは、本書の内容の繰り返しになりますが、この方法が最もパフォーマンスが高いことが、あらゆる調査で明らかになっているからです。

だったらその結論だけ子供に教えればいい。それなら1ページどころか、一行で済むじゃないか！　その意見はごもっともです。

私は株式投資に関する情報や知識には次の三つがあると考えています。

① 実際に株式投資で利益を得るのに役に立つもの

② 長い目で見た時に損失につながるもの

③ 株式投資に興味がある人たちの間で会話をするときに必要なもの

それぞれについての答えは、もうおわかりでしょう。はっきり申し上げて本書の主な主張は1ページで整理できます。しかしこれだけのページ数を割いて（実際には話す時間を割いて）説明したのは、結論だけを理解してもその通りの行動を取れないことが多いからです。少なくとも私はそうです。この結論は20年前から知っていました。しかしそれに従った行動がとれるようになったのは、ほんの数年前のことです。

幾分自信過剰な私は、自分なりのやり方を見つけることに重きを置き、実際それが可能であると信じていました。その結果たくさんの失敗を犯しましたが、その失敗はセオリー通りのものでした。ずいぶん高い授業料を払いましたが、金銭的にも時間的にも、全くの無駄でした。だって多くの先人たちが既に教えてくれていたものでしたから。ですから本書では、自分の子供たちだけでなく、できるだけ多くの読者の皆さんに「腹落ち」してもらえるよう、そして余計な授業料を払わなくて済むように、結論に至る道筋を、いろんな観点からエピソードを交えて説明しました。象という動物を説明するのに側面からの絵だけでなく、上下前後、そして内側から見ています。無駄話に見えるようなエピソードも、象の本質的な理解を助けるためにしているつもりです。

株式投資はギャンブルではありません。あらゆるギャンブルには胴元がいて、プレーヤーの期待値は必ずマイナスです。しかし株式投資には企業の利益という裏付けがあります。その利益の何倍なら買うかと市場参加者が思っているか、つまりＰＥＲが何倍であるかという点は、確固たる標準値がなく、常に変動し、かつ科学的な予測もできません。時価総額が「期待利益×ＰＥＲ」で決まる以上、株価は企業とは無関係に大きく動くことがあります。それでも株価の本質は企業利益です。だからこそ、まずビジネスとは何か、会社はどう成り立っているのか、利益はどのように生み出されるのかという点をじっくり説明しました。コンサルタントやファンドマネジャーが仕事としてやるような厳密な企業分析方法には触れていませんが、少額で株式投資をスタートするにあたってはそこまでしなくても、「この会社は儲かっているか」「さらに大きくなることが可能か」という点をざっくり予測できれば、十分だと考えています。しかしそれでも、勉強と部活にほとんどの時間を費やし、仕事の経験が全くない中高生が、手触り感をもって予測するのは不可能です。だからインデックスファンドを毎月買う行動を通じて、定期的に株式市場に触れて、少しずつ学んでいってほしいという思いです。この先も個別株には手を出さず、ずっとこの投資方法のままでも構わないとさえ思っています。

現代社会に生きる我々が重視している世界観の一つに、「人生は努力によって切り開かれるべきである」というものがあります。しかし、**こと株式投資においては、時にこの世界観が失敗の原因になります**。一生懸命銘柄を選んで、タイミングを見計らいながら売り買いを繰り返す。「いくら上がったら売る」と決めて、その値段になったら「私の予測通りだ」と喜んで売ってしまう。逆に下がれば「自分の予測は正しいはずだ」とナンピン買い[※1]をして挙句は塩漬けにしてしまう。こんな失敗が起こるのは、自分で手を下すことで達成する喜びに価値を見出しているからです。

買った株が上がるか下がるかは、我々投資家の努力とは無関係です。企業の経営

※1 保有している銘柄の株価が下がったときに、さらに買い増しをして平均購入単価を下げること。

者の成功を祈るしかないのです。そして株価が上がる＝会社の利益が増えるのには時間がかかります。ユニクロが店舗を増やすには、店の数だけ店長が必要です。店長を適当に他から持ってくることはできません。時間をかけて仕事のやり方とユニクロイズム（的なこと）を一人一人に体得させる時間が必要です。トヨタが新車を作るには何年もの研究開発が必要です。数万点にも及ぶ部品を丁寧に選んで設計通りの性能が出るようにすり合わせます。いざ量産となれば大量の部品を過不足なくタイムリーに調達し、一点一点、一台一台作ります。ヒットする車があればラッキーですが、ほとんどの新車の販売台数は目標台数以下です。あらゆる会社がそうなのです。そして投資家である我々は企業のこうした活動に対して手を下すことはできません。ただ成功を祈ってじっと待つ。我々にできるのはそれだけです。

それだからこそ、株式投資は余裕資金でやるべきなのです。来月必要なお金、来年必要なお金を株式投資で手に入れるのは確率の低いことです。うまくいくかもしれませんが、それはコイントスの結果と同程度です。

「株式投資の報酬は、我慢に対する報酬である」これはウォーレン・バフェット※2の金言です。将来のことは誰にもわかりません。これから先も様々なリスクイベント

※2 アメリカ合衆国の投資家、経営者、資産家、慈善家。11歳の時、図書館で『1000ドル儲ける1000の方法』を読んで複利効果について知り、35歳までにミリオネアになることを宣言。現在の保有資産額は10兆円を超える。

が起こるでしょう。株式市場は明日大暴落するかもしれません。投じた資産が目減りすることもあるでしょう。それでもあらゆる企業は努力を続け、環境に適応して変化していきます。そしてきっちり利益を出します。それに成功する確率の高い優良企業の利益の結集が、日経225であり、S&P500なのです。

――Fortune favors the bold.（幸運は勇者に味方する）

この言葉をお贈りして、本書の結びといたします。読者の皆様の幸運を祈ります。

2021年9月吉日

山崎　将志

山崎将志（やまざき・まさし）

ビジネスコンサルタント・株式会社アジルパートナーズ代表取締役。1971年愛知県生まれ。東京大学経済学部卒。94年アクセンチュアに入社し、生損保、総合商社、製薬、リース、飲料メーカーなどに対するコンサルティングプロジェクトを経験。2003年に独立して以降、これまでに世の中に受け入れられた新規事業を5つ開発（失敗はカウント不可能）。『残念な人の思考法』が34万部のベストセラーに。『「儲かる仕組み」の思考法』『社長のテスト』等、著書多数。

父さんが子供たちに7時間で教える

株とお金儲けの教養。

2021年10月22日　1版1刷
2021年12月22日　　4刷

著者	山崎将志
発行者	白石賢
発行	日経BP 日本経済新聞出版本部
発売	日経BPマーケティング 〒105−8308 東京都港区虎ノ門4−3−12
ブックデザイン	山之口正和＋沢田幸平（OKIKATA）
イラスト	福士陽香
組版	マーリンクレイン
印刷・製本	三松堂

ISBN978-4-532-35901-0
Printed in Japan